Der Stadtwanderer

Bert Brune

Der Stadtwanderer

Roland Reischl Verlag, Köln

Der Autor und der Verleger bedanken sich bei allen, die mit ihrer Unterstützung die Produktion dieses Buches ermöglicht haben, insbesondere bei Axel Bell, Werner Beutler, Niclas Drees, Angelika Möhle, Peter Kappmeier, Eva Pohl, Tanja Richter und Peter Schüttemeyer.

Bibliografische Information der Deutschen Nationalbibliothek. Die Deutsche Nationalbibliothek verzeichnet diese Publikation in der Deutschen Nationalbibliografie; detaillierte bibliografische Daten sind im Internet über www.dnb.de abrufbar.

Umschlagabbildungen: Bert Brune (2); Karte: openstreetmap.org

Umschlaggestaltung, Satz und Layout: Roland Reischl

Alle Nutzungsrechte dieser Ausgabe bei
Roland Reischl Verlag, Herthastr. 56, 50969 Köln
rr-verlag@t-online, www.rr-verlag.de

2. Auflage 2024

Druck: Libri Plureos GmbH, Friedensallee 273, 22763 Hamburg

ISBN 978-3-943580-14-3

Inhalt

Einführung

Hierhin zieht es mich immer wieder. Nämlich zu dem Stehtisch im Merzenich. Ich trinke meinen Kaffee und blicke durch das Fenster auf den Chlodwigplatz. Im Grunde hat sich in all den letzten Jahren nichts geändert. Die Leute laufen ziemlich lebhaft umher, zu dem Bus, der gerade von der Bonner Straße her einfährt, oder sie steigen aus, wenn sie von der Innenstadt kommen.

Und den Merzenich gibt es schon seit mehr als dreißig Jahren. Aber wenn man sich jetzt in der Südstadt, überhaupt in Köln umsieht, bemerkt man, wie sehr sich die Café-Kultur im Laufe der Zeit entwickelt hat. Ende der 70er traf man sich hier im Merzenich, weil es in der Gegend sonst nichts gab. Man lehnte an dem Stehtisch, schlürfte den Tee oder Kaffee, tratschte ein bisschen, aber dann ging jeder seines Wegs. Man konnte sich nicht setzen, es gab, wie heute, keine Stühle, keine größeren Tische, die zum Verweilen einluden.

Sicher, Kneipen gab es schon einige im Viertel, in denen man sich traf, aber die machten am späten Nachmittag auf. Wenn man auch schon den einen oder anderen Italiener besuchen konnte, Gobbo etwa in seinem „Eis-Forum“ am Ubierring. Aber das war nichts Besonderes, eben eine der üblichen Eisdielen. Kein Szene-Treff. Das war aber schon der Laden von Campi (S. 50), der in der Innenstadt sein Café hatte. Hier sammelten sich bereits Leute, die sich durch ihre Vorstellungen von einem freieren, oft durch Kunst geprägten Lebensstil verbunden fühlten. Pierluigi Campi war Jazz-Liebhaber, er organisierte sogar Konzerte mit auch international bekannten Musikern, die man dann in seinem Lokal in der Hohe Straße antreffen konnte.

Doch dann machte 1978, zu der Zeit, als auch die ersten Wohngemeinschaften entstanden, Christoph Höfer das „Café des Südens“ (S. 108) auf. Keins der typischen deutschen Lokale, wie etwa auch heute noch „Wahlen“ (76), in dem Schwarzwälder Kirsch oder Flocken-Sahne oder Buttercreme-Torte angeboten wurden, sondern bloß einfacher Obst- oder Marmorkuchen. Gewöhnlich trank man auch nur eine Tasse Kaffee oder Tee, zu dem Christoph gratis einen Keks legte.

Und auf dem Tisch kein weißes Tuch, sondern man hatte rohes Holz als Unterlage. Und die Stühle nicht gepolstert, oder einfach schmucklose Hocker. Es saßen in diesem Café auch keine Damen mit Hütchen auf dem Kopf vor silbernen Milchkännchen, sondern junge Leute in Jeans oder Latzhose, damals sehr in Mode, drehten sich aus dem Javaanse-Jongens- oder Drum-Tabakpäckchen ihre Zigaretten und konnten ziemlich lange vor einem einzigen Getränk sitzen, weil sie kein Geld für mehr hatten.

Und Zeitungen brauchte man nicht kaufen, die lagen auf dem Fensterbrett im „Café des Südens“. Es waren hauptsächlich liberale, linke Blätter wie die „Frankfurter Rundschau“ und „Der Spiegel“ – daneben der „Schauplatz“ und das Kölner „Volksblatt“, ein Szene-Magazin.

Und man hockte nicht steif am Tisch, sondern bewegte die Stühle, die Hocker, bildete einen Kreis und unterhielt sich. Weniger über Politik, man hatte zu viele Diskussionen und Demonstrationen hinter sich, vielmehr über die neue Pädagogik, die Emanzipation der Frau, die Befreiung von moralischen Zwängen in Sachen Erotik, Sexualität.

Es tat sich eine Marktlücke auf im Freizeitverhalten der jungen Generation. Und bald entstand auch das „Café Fleur“ (S. 80) in der Lindenstraße und später in der Südstadt das „Settebello“ (118f), dann „Out“ (110ff), Café und Kneipe, ebenso wie „Nullzwei“ (114) an der Bottmühle, das „Kaffeeböhnchen“ und das „Café am Römerpark“ (106). Und so weiter. Es hörte nicht auf. Das Freizeit-Angebot im Dienstleistungsbereich vergrößerte sich ständig. In allen Stadtteilen.

Den Anstoß für meine Tätigkeit als Stadtwanderer bekam ich aber nicht in einem Café, sondern in einer Kneipe. Das passierte Ende der 70er, als ich, von Nippes aus, wo ich wohnte, in die

Südstadt einfiel, um den Karnevalszug zu sehen. Der ging seinerzeit vom Chlodwigplatz los und es war ein besonderes Erlebnis, die noch frischen Uniformen und die noch nicht allzu sehr vom Kölsch-Konsum geröteten Gesichter zu betrachten, wenn sie sich am Ring aufstellten, bevor sie dann durch das Severinstor Richtung City zogen. Und es war üblich, dann in eine der umliegenden Kneipen zu gehen und selbst ein bisschen sich karnevalsmäßig einzustimmen.

Es war das „Chlodwig-Eck“, wo ich mich am wohlsten fühlte, bei Clemens Böll, einem Neffen des bekannten Schriftstellers. So wohl, dass es mich gleich nach Aschermittwoch wieder hin in seine Kneipe zog. Denn ich stellte bald fest: Hier war das Zentrum der Südstadt, hier trafen sich alle, die was zu sagen hatten, die die Szene, wie man das später sagte, ausmachten.

Aber ich hatte ein Problem. Ich wohnte nicht in der Gegend, ich musste mich bereits früh am Abend von den Mädels und Jungen am Tresen verabschieden, musste zurück nach Nippes.

Zu spät durfte ich nicht auf der Matratze liegen, denn ich war ja Lehrer. Und zwar in Porz, am Städtisches Gymnasium Humboldtstraße, und dieser Arbeitsplatz war von Nippes einiges entfernt, was eben hieß: früh aus den Federn. Aber wie sich das oft ergibt: Der Zug zur Südstadt war groß, und bald bot sich eine Gelegenheit zum Umzug. Und zwar in eine Altbauwohnung, etwas heruntergekommen, nicht renoviert, also preiswert.

Wir waren zu dritt, in dieser WG, der Wohngemeinschaft, wie sie allmählich überall entstanden. Es gab eine gemeinsame Küche, einen Flur als eine Art Gemeinschaftsraum, wo man sich abends zusammensetzte, ein Bad, und jeder hatte ein Zimmer.

In Nippes hatte ich allein gewohnt, wie man damals überhaupt meist alleine wohnte. Was nicht hieß, dass man da keinen Kontakt hatte. In Nippes war ich zum Beispiel bei der „Baggerwehr“ engagiert. Eine Bürgerinitiative um Heinrich Pachl und andere, die gegen den geplanten Ausbau der Stadtautobahn kämpften. Wenn man demonstrierte, wenn die Polizistenkette bei der Besetzung des Baugeländes auf einen zurückte und man sich unterhakte, um nicht auseinandergerissen zu werden, dann war das ein starkes Gemeinschaftserlebnis, das war toll.

Doch gab es in Nippes nicht diese Kneipen- und Café-Szene. Sicher, man traf sich mal im „Goldenen Kappes“ oder beim Italiener in der Nordstraße. Und es ging bei den Gesprächen mehr um politische, soziale Fragen, weniger um das Leben als solches und weniger um Kunst, was unterdessen mich zunehmend mehr interessierte und womit sich auch die Südstädter beschäftigten. Denn da gab es die Werkschule mit ihren jungen Künstlern. Und gleich daneben, in der Maternusstraße, befand sich nun mein neues Zuhause. Zunächst war ich ein Untermieter, von Werner nämlich, der sich freute, dass nun jemand da war, der sich ihm zuwandte. Denn seine Monika hatte gerade mit ihm Schluss gemacht, sie wohnte zwar noch im hinteren Zimmer, aber würde bald ausziehen.

Und schon bald waren wir allein, konnten schalten, wie wir wollten, die hohen Zimmer gemütlicher einrichten, und wir nahmen hin und wieder Mieter auf, um die Kosten für die große Wohnung in den Griff bekommen.

Werner empfing gern Besuch, aber ich zog es vor, draußen Kontakte zu knüpfen. Und mein zweites Wohnzimmer war das Chlodwig-Eck, das damals noch am Chlodwigplatz lag.

Alles war in Ordnung. Doch man musste eben so gegen zehn, elf Uhr abends zu seinen Tresenfreunden sagen: „Leute, noch 'nen schönen Abend, ich muss los." Hatte ja frühmorgens an der Bushaltestelle gegenüber dem Severinstor zu stehen, um mit der 132 zum Heumarkt und mit der 7 bis Porz-Mitte und zur Schule zu fahren. Und ich verließ im Grunde die Kneipe, wenn es da erst richtig losging. Die Leute, die ich beim Clemens traf, waren oft Maler oder Musiker. Die meisten studierten noch, einige taten so, als ob, hatten nicht die entsprechenden Voraussetzungen, wären aber gerne Maler und Musiker geworden. Irgendwie aber hatte sich jeder einen Studentenausweis besorgt, um sich Jobs bei der studentischen Arbeitsvermittlung an der Uni zu beschaffen, arbeitete als Kellner oder Lagerist oder Möbelpacker oder Putzhilfe

zwei, drei Tag pro Woche, um genug Geld für das Kneipenleben zu haben oder seine Gemeinschafts-Ateliers bezahlen zu können. Überhaupt um Zeit zu haben, seine eigenen speziellen Fähigkeiten und Talente zu entwickeln.

Ich fühlte mich unter diesen Leute auch deshalb wohl, weil ich auch gewisse Fertigkeiten hatte, nämlich in der Südstadt verstärkt begann, Gedichte, Geschichten zu verfassen. Voraussetzung dafür war: sich umsehen, sich umhören, und die Eindrücke festhalten.

Aber ich fühlte sehr wohl die Grenzen, die meine Arbeit mir setzten. Schließlich war ich Geschichts-, vor allem aber auch Deutschlehrer. Es war ja nicht damit getan, zur Schule zu fahren und den Unterricht zu bewältigen, sondern ich musste Hefte mit nach Hause nehmen, korrigieren, Vorbereitungen für den nächsten Tag treffen. Die ersehnte große Freiheit war das nicht, die Freiheit, die ich bei den Leuten im Chlodwig-Eck spürte. Und ich sehe mich immer noch morgens am Chlodwigplatz stehen, auf den Bus zum Job wartend. Der wohlerzogene, bereitwillig sich den Erfordernissen des Lebens fügende Arbeitnehmer, auf dem Sprung zum Beamtenstatus. Und die Sonne kommt gerade hinter der Severinstorburg hoch, und am Fuße des Turmes hocken auf der Mauer schon ein wenig lärmend die Penner, die gerade das Haus in der Annostraße verlassen haben, und begrüßen, die Bierflaschen schwenkend, den jungen Tag.

Die Leute, die da sitzen, so sinnierte ich damals, die Ledertasche unterm Arm, haben zwar auch nichts zu lachen, sind im Alkoholnebel gefangen, aber sind frei, können nach einer Weile aufstehen und sich hier- oder dorthin begeben, haben wohl keine großen Ziele, keine Termine, aber offensichtlich Spaß, haben Kontakt zu Gleichgesinnten, zwar ebenfalls oft Leidenden, aber teilen sich doch ihr gemeinsames Los und nehmen das Dasein locker. Ich aber hatte meine täglichen Termine, mein Leben war strukturiert, sogar bis in die Zukunft hinein. Denn ich sah mich, mit gelindem Erschrecken, noch in zehn, zwanzig Jahren hier an der Haltestelle am Chlodwigplatz stehen. Ergraut und gebückt würde ich, bis zum Rentenalter, in den Bus steigen und zum Arbeitsplatz fahren.

Keine Freiheit momentan, das war stark zu spüren, dieses kostbare, vielleicht sogar das kostbarste Gut wäre für mich unerreichbar. Es gibt sie nicht hundertprozentig, die Freiheit, aber doch ein bisschen weiter könnte man das Terrain doch abstecken.

Und so trat ich dann eines Vormittags ins Zimmer von Frau Dr. Madaus, der Direktorin des Gymnasiums: „Ich habe es mir überlegt, ich kündige.“ Die Frau, um die fünfzig, guckte mich über ihren Brillenrand erst irritiert, ungläubig, schließlich mit einer gewissen Bestürzung an. „Sie wollen tatsächlich aufhören?“, sagte sie, ihre Brille abnehmend.

„Na ja“, meinte ich, „ich mach das hier schon fünf Jahre. Ich denke, ich weiß jetzt, wie es geht. Ich will einfach mal was anderes ausprobieren. Schreiben vielleicht, malen, mich umsehen, – das Leben kennenlernen.“

Ich hatte mich mit meiner Chefin schon öfter in den kargen Pausen allein in ihrem Zimmer über Pädagogik, das Leben, die Ziele, die man sich setzt, unterhalten. Sie war froh, in ihrem ziemlich aufwendigen Betrieb zwischendurch einfach mal ein bisschen klönen zu können. Sie wusste, dass ich auch mal Gedichte oder Geschichten in Anthologien veröffentlicht hatte. Doch jetzt war sie sehr erstaunt, dass ich es offensichtlich ernst meinte mit meiner Schreiberei.

„Na gut“, sagte sie schließlich und seufzte ein wenig. „Ich würde auch gern einfach mal hier aufhören, einfach meinen Neigungen nachgehen, Musik machen zum Beispiel, aber ich habe das Gefühl, ich bin hier an der richtigen Stelle, ich kann hier in dieser Position noch etwas bewirken.“

Sie spielte damit auf die ständig sich streitenden Parteien im Kollegium an. In den Konferenzen ging es um die neue Pädagogik, die neuen Konzepte, Gruppenarbeit sollte an Stelle des bisherigen, mehr autoritären, Lehrer-zentrierten Unterrichtsstils treten, die Schüler sollten zu kritischem Denken und selbstständigem Arbeiten erzogen werden.

Das forderten die jungen, gerade von der Uni gekommenen Lehrer vehement, während die älteren Kollegen sich gegen allzu schnelle und radikale Änderungen sträubten. Die Direktorin versuchte zu vermitteln, bewegte sich zwischen den Fronten und bekam die Härte der Auseinandersetzung zu spüren. Sie aber hielt stand, während ich einen neuen Weg ging. Sie verabschiedete mich ein paar Wochen später wirklich herzlich, wünschte mir Glück, Erfolg, und ich atmete befreit auf, als ich durch das Tor ging und einen letzten Blick auf das Schulgelände warf.

Ich hatte es gewagt, hatte es getan. Und als gegen elf Uhr abends wie üblich die Stammgäste beim Clemens reinkamen und ihr erstes Kölsch bestellten und sagten: „Du bist noch hier? Was ist los?“, erklärte ich es ihnen.

Ich war nun einer von ihnen, spürte die Freiheit, ging aber auch das Risiko ein, das damit ja verbunden ist.

Zunächst allerdings noch nicht. Bekam eine Zeit Arbeitslosengeld, hatte Zeit zu schreiben, mich herumzutreiben. Dann aber war Jobsuche angesagt, um Essen, Miete undsoweiter bezahlen zu können.

Das lief nicht immer so, wie man es sich gewünscht hätte. Also lernte ich, zu sparen, möglichst wenig Geld für Klamotten, Restaurant-Besuch, Haushaltssachen usw. auszugeben. Aber ich kam rum, machte meine Erfahrungen, notierte.

Und wurde zum Stadtwanderer.

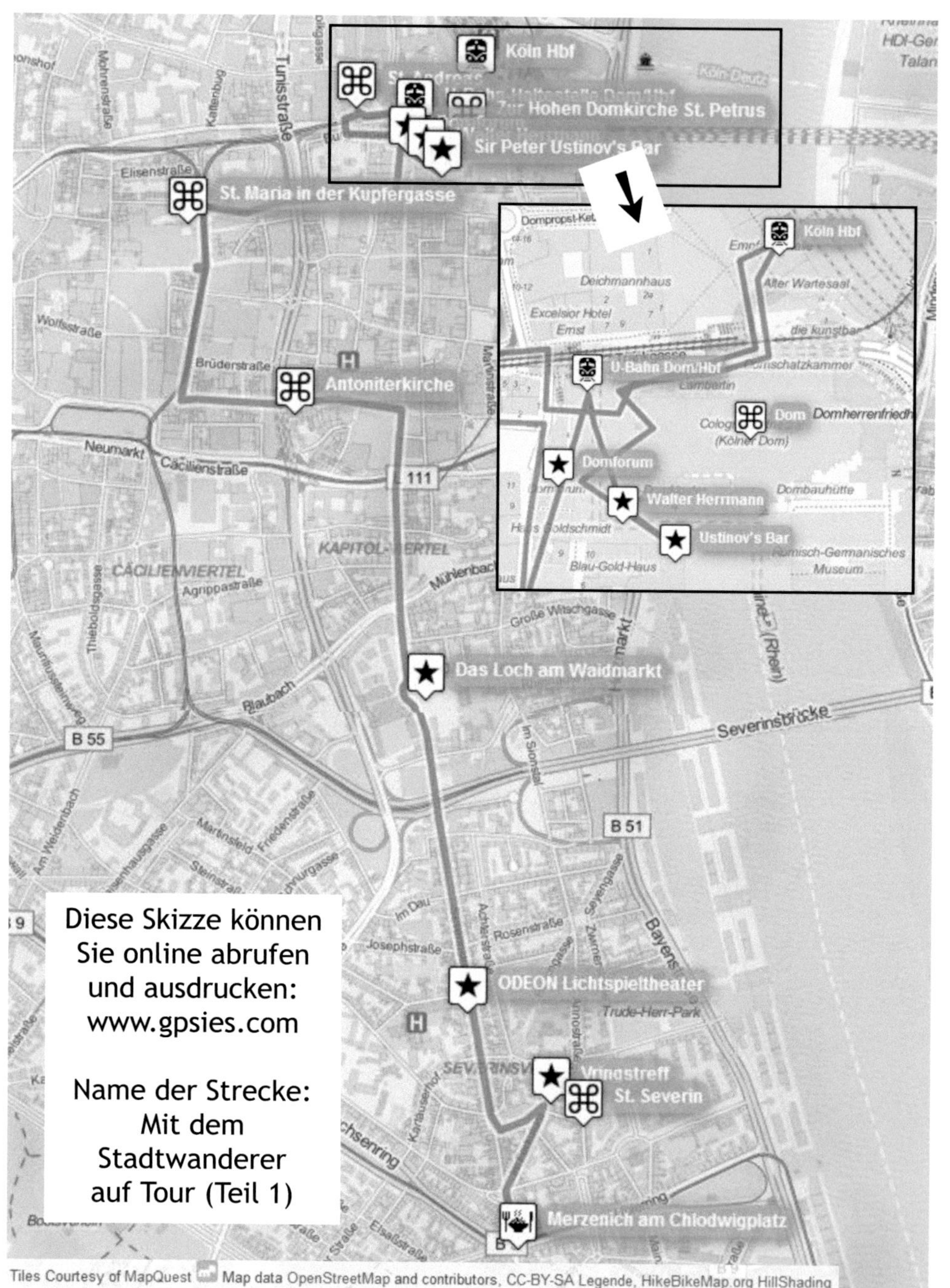
Köln Hbf
Zur Hohen Domkirche St. Petrus
Sir Peter Ustinov's Bar
St. Maria in der Kupfergasse
Antoniterkirche
U-Bahn Dom/Hbf
Dom
Domforum
Walter Herrmann
Ustinov's Bar
Deichmannhaus
Excelsior Hotel Ernst
Alter Wartesaal
Domherrenfriedhof
Dombauhütte
Haus Goldschmidt
Blau-Gold-Haus
Römisch-Germanisches Museum
Das Loch am Waidmarkt
ODEON Lichtspieltheater
Vringstreff
St. Severin
Merzenich am Chlodwigplatz
Neumarkt
Cäcilienstraße
KAPITOL-VIERTEL
CÄCILIENVIERTEL
Severinsbrücke
B 55
B 51
L 111
Trude-Herr-Park
Diese Skizze können Sie online abrufen und ausdrucken: www.gpsies.com
Name der Strecke: Mit dem Stadtwanderer auf Tour (Teil 1)
Tiles Courtesy of MapQuest Map data OpenStreetMap and contributors, CC-BY-SA Legende, HikeBikeMap.org HillShading

Teil 1

Vom Chlodwigplatz zum Hauptbahnhof

Chlodwigplatz

Meine Wanderung durch die Stadt beginnt gewöhnlich am Chlodwigplatz. Sich sammeln bei einer Tasse Kaffee im Merzenich, die quirlige Umgebung hinter dem Fenster, an dem ich stehe, wirken lassen. Sich die Leute um einen herum ansehen, aber auch sich selbst dabei ins Auge fassen. Man will ja schließlich lernen, sich entwickeln. Und die Frage ist ständig, wenn man unterwegs ist: Was machen die Menschen in der und der Situation? Wie verhalten sie sich? Wie schaffen sie es, den Alltag zu bewältigen? Und wie bewältige ich selbst den Alltag?

Zum Beispiel machte ich mal die Erfahrung, dass man das, was man gelesen hat, womit man sich bisher nur theoretisch befasst hat, auch in die Praxis umsetzen kann. Es handelt sich in diesem Fall um die Sprüche des alten chinesischen Weisen Laotse, in dessen Buch „Tao te king“ ich häufig blättere.

Unbesiegbar

Ich stand im Merzenich
für 'ne Tasse Kaffee an.
Als, wie nicht selten
sich 'ne vitale Blondine vordrängte
sich schob zwischen mich und den Tresen.
Ich wollte nun meinerseits mich vordrängen
oder die Frau wenigstens lauthals zurechtweisen
da aber fiel mir noch
rechtzeitig
Laotse's Spruch ein.
Laotse's Spruch nämlich
vom Passivsein
vom Nichthandeln
was den wahren Menschen
den wirklich souveränen ausmacht.
Ich blieb nun innerlich ganz ruhig
auch als die Blondine „eine Cola!" fast brüllte.
Ich blieb also ruhig stehen
was anscheinend in dem Gedränge vorm Tresen auffiel
denn das smarte, frisch aussehende Fräulein am Ausschank sagte
MICH anblickend
„Was wünschen Sie?"
„Einen Kaffee mit –"
Ich zahlte
und die Blondine
nun eindeutig hinter mir
wiederholte – etwas leiser –
„Eine Cola bitte".
Ich nahm den Kaffee
ich, der Laotse-Schüler
attackiert
aber unbesiegbar.

(1988)

Ich begebe mich nun auf meine Runde. Verlasse das Café, betrete den Chlodwigplatz und wende mich zur Torburg, zur Severinstraße. Kann sein, dass manche Leute Probleme haben, über den Chlodwigplatz zu laufen. Zu viele Menschen unterwegs, zu unruhig, von links kommt der Bus, von rechts ein Taxi. Aber das ist Leben. Mir selbst strömen dann die nötigen Energien zu, wenn sie mir mal abhanden gekommen sind. Und seltsamerweise ist das freitags besonders der Fall, da spüre ich diese Ausstrahlung, die der Chlodwigplatz hat. Im Hinblick auf ein erholsames Wochenende?

Freitags

Kann sein, dass es am Freitag liegt.
Auch wenn man vielleicht zunächst nicht gut drauf ist:
Kaum schlenderst du über den Chlodwigplatz
biegst in die Severinstraße ein
siehst die Leute dir entgegenkommen
oder dich auch hastig überholen
gut angezogen, mit gestrafftem Rücken, gewinnendem Lächeln
oder die andern, mit eher schlabbrigen, sogar gefleckten Hosen,
Sorgenfalten im Gesicht
spürst all die Menschen um dich
das heißt, ihre tägliche Freude, ihr tägliches Leid:
dann bist du nicht mehr allein
nicht mit der Freude, nicht mit dem Leid
fühlst dich geborgen
dein Schritt, vorher etwas schlaff, wird fester
die Tritte der Schuhs auf dem Pflaster kraftvoller
spürst Energie im Körper hochsteigen
fühlst dich lebendig, stark.
Alles ist möglich, alle Ziele, die du dir gesetzt hast, erreichbar
jedenfalls Freitagmittag beim Gang über den Chlodwigplatz, wenn du in
die Severinstraße einbiegst.

(2012)

Severinstraße

Am Chlodwigplatz ist Leben, aber hier auf der Severinstraße unter der Woche nicht weniger. Kleine Läden, kleine Cafés, besucht von den Anwohnern, die in den meist weniger attraktiven, weil vom Krieg zerstörten und schnell wieder aufgebauten Häusern leben.

Wenn ich hier vorbeikomme, habe ich Kill vor Augen, eine stadtbekannte Figur, die man nicht selten in dieser Gegend traf. Manchmal ging ich hinter ihm her, dem Mann, der sich als Sänger und Entertainer sein Brot verdiente. Er betrat zum Beispiel die Metzgerei neben Haus Balchem, grüßte laut die Anwesenden und fing an zu singen. Irgendein kölsches Lied. Und nach einer oder zwei Strophen brachte er einige Witze vor und hielt seine Ledertasche hin, und man gab ihm Essbares, aber auch Münzen oder sogar Scheine.

Kill, der letzte der „Drei Rabauen", eines Gesangtrios, wie man mir erzählte, klapperte so die Geschäfte auf der Severinstraße ab und verdiente sich auf diese Weise sein Geld. Auch eine Möglichkeit, sich das Leben einzurichten mit viel Freiheit, wenn auch wohl mit Überwindung und der Notwendigkeit, sich ein dickes Fell zuzulegen. Aber es machte Kill offensichtlich Spaß, hatte ich jedenfalls den Eindruck. Und als ich in der Zeitung las, dass er gestorben war, setzte ich mich in ein Café und notierte.

Kill

Ich schlendere wie so oft durch die Straßen von Köln
gehe in eine Kneipe, schlage die Zeitung auf:
Kill, der „letzte Rabaue“
mein Kumpel, mein Kollege
ebenfalls Dichter und Spaziergänger
hat das Handtuch geworfen.
Mit seinem Käppi, dem schwarzen
stand er immer samstags auf der Severinstraße.
Die Leute grüßten.
Er, seine Aktentasche am Lederriemen
ein Veilchenstrauß am Revers
war der König des Viertels.
Die Menschen blieben stehen
unterhielten sich mit ihm.
Mancher, abergläubisch
berührte sogar, unauffällig, den Zipfel der Jacke
die Schulter, den Arm.
Kill, der letzte eines Gesangstrios
berühmt nach dem Krieg
nun Alleinunterhalter.
Und immer noch auf der Suche nach lebendigen Gesichtern.
Hatte er vielleicht zu wenige gefunden
in letzter Zeit
lebendige Gesichter?
Spürte er Tod und Kälte um sich?
Hat ihn der Atem der Leute nicht mehr wärmen können?

Es traf ihn der Schlag
dann noch einer
und noch einer.
Erst dann, mit 76, stieg er aus.

Samstags ist irgendwie auf der Severinstraße weniger los. (1984)

Im Ferkulum

Vielleicht war es beim „Sing“ im Ferkulum, ganz in der Nähe, wo ich meine Notizen machte. In seinem Restaurant konnte man gut vorne an der Scheibe sitzen, und im Hintergrund hörte man Sing, den Koreaner, mit seinen Leuten das Mittagessens vorbereiten. Hier schrieb ich gerne Briefe, oft an Alfons, den Juristen, um ihm von meinen Unternehmungen zu berichten.

Ich hatte ihn eines Abends beim Sing am Tresen kennengelernt. Damals war dies das angesagte Lokal in der Südstadt. Künstler und Fans und Kunstliebhaber sammelten sich hier regelmäßig, man stellte Kontakte her, brachte seine neuen Ideen vor, plante Ausstellungen, diskutierte.

Ich kam mit Alfons ins Gespräch, weil ich hörte, wie er sich mit einem Bekannten über Laotse und Konfuzius unterhielt. Das interessierte mich und ich trat zu den beiden. Ich war erstaunt, dass ein Jurist sich so intensiv mit der alten chinesischen Philosophie beschäftigte. Alfons wies mich damals auch auf „Das wahre Buch vom südlichen Blütenland“ hin, das Werk von Dschuang Dsi, das man kennen muss, um Laotse zu verstehen. Ich legte es mir zu und blättere seitdem immer wieder darin.

Sing's Restaurant gibt es schon lange nicht mehr. Ich verlasse nun das Ferkulum und bleibe hinter der kleinen Kreuzung vorm Vringstreff stehen. Beim Sing musste man für Speisen und Getränke schon einiges hinblättern, im Vringstreff kann man als armer Schlucker, und eben auch als Stadtwanderer, für kleines Geld gemütlich sitzen und sich satt essen. Und sogar bekannte Gesichter sehen.

Corneliusstr.
Vringstreff

Im Vringstreff

Richtig Bewegung im Vringstreff
'ne Menge Leute, die bedienen
die sich gleich auf dich, den Gast stürzen
allerdings höflich
wenn auch die Hand, die den Kaffee hinstellt
bis zum Ellenbogen voller Tattoos ist
nicht 'ne modische High-Society-Zier
sondern vielleicht von 'nem Ex-Knastrologen
oder Alkoholiker, nun trocken geworden.

Alkohol, glaube ich, darf man hier nicht trinken
zu viele der Gäste wären gefährdet.
Aber die Einsamen der Straße sind im Vringstreff
nicht mehr einsam
vielleicht sitzen sie allein am Tisch, wie ich jetzt
doch sie sind umgeben von Genossen und
Mitleidenden
und von Frauen
die hinterm Tresen stehen und lächelnd die
Kaffeemaschine bedienen.
Viele Leute, viel Bewegung – also viel Wärme.

Und billig
der Kaffee kostet 40 Cent.
Ich bin nicht aus nostalgischen Gründen hier
reingegangen
eher aus finanziellen
als Stadtwanderer, der naturgemäß kein Fan der
Arbeitswelt ist
fühlt man sich im Treff keineswegs fremd.

Sah plötzlich Fred am Computer stehen
er diskutierte mit dem Schreiber vor ihm
der hatte eine Mail bekommen
der Empfänger sollte 2.000 Dollar überweisen
seine Mutter brauchte 'ne Operation
kam aus Amerika
auf Englisch
wohl ein Trickser, der so an Geld kommen will.

Fred hatte die Mail übersetzt
locker
er war nämlich in Texas aufgewachsen
hatte dann in Europa Zuflucht gesucht
denn Fred war Deserteur
sollte in die amerikanische Armee
Vietnam
und landete in der Südstadt
wo er, nun Rentner, sich wohlfühlt.
Wenig Geld, deshalb im Treff
preiswert essen
und umsonst Billard spielen
unter Freunden.

„Texas-Fred"
ich hatte ihn schon lange nicht mehr gesehen.
Altes Südstadt-Gestein
also auch redefreudig
und sucht Kontakte
und spricht über seine Krankheiten
viele – aber egal
das Leben spielt sich nicht im Bett ab
nicht im Krankenhaus
– ob Kneipe oder Arme-Leute-Café:
bewegen, sich sehen lassen ist alles.
„Tot sein kann man immer noch."

(2010)

Severinskirche

Im Vringstreff kann es auch mal hektisch und lärmend zugehen. Deshalb besuche ich anschließend die stille Severinskirche, die diesem Lokal gegenüberliegt.

Für einen Stadtwanderer ist es überhaupt immer angenehm, unterwegs auf eins dieser Gotteshäuser zu stoßen. Man steht ehrfurchtsvoll vor der Fassade, muss sich ein wenig nach hinten biegen, um einen Blick auf die Turmuhr, dann weiter bis auf die Kirchturmspitze zu werfen.

Ist erstaunt, dass die Leute früher architektonisch in der Lage waren, so ein riesiges Gebäude zu realisieren. Und woher hatten sie die Motivation, all diese vielen Kirchen in Köln zu bauen? – Und wenn eine, wie etwa die vom Heiligen Severin, mal abbrannte oder im Krieg zerstört wurde, hatten die Leute nichts anderes im Kopf, als sie möglichst schnell wieder aufzubauen. Schön ist auch, dass man in jede reingehen kann, ohne Eintritt bezahlen zu müssen.

In der Severinskirche sitze ich immer wieder. Man hat seine Ruhe, nur schwach dringt der Verkehrslärm herein. Und falls man gerade kein Papier dabei hat, um seine Eindrücke festzuhalten, kann man zu einem der Pfarrbriefe greifen, die überall herumliegen, und auf deren Rückseite gewöhnlich Platz für Notizen ist.

Ich könnte mich auch anderweitig schriftlich äußern, indem ich nämlich zum Fürbittenbuch links neben der Eingangstreppe trete und den dort an der Schnur hängenden Kugelschreiber benutze. Das Buch liegt aufgeschlagen in Brusthöhe auf einem eigens angefertigten Ständer und die weißen Seiten fordern die Gläubigen auf, ihre Ängste und Sorgen, manchmal auch ihre Danksagungen, zu formulieren. Es sind Briefe an Gott, meist Stoßgebete, in der Hoffnung, dass ihnen in der Not geholfen wird.

In der Severinskirche

Draußen tobt der Verkehr
hier, im hohen Raum
ist Ruhe
die Kerzen flackern vor sich hin
Jesus feiert seine Auferstehung
im Steinrelief neben der Säule
davor liegt aufgeschlagen das Fürbitten-Buch
„lass meinen Mann seine innere Ruhe finden“
schreibt jemand
oder
„vor sechs Jahren ist mein Sohn fortgelaufen
auf dass er bald wiederkommt“
„lass meinen Schwager eine Arbeitsstelle finden“.
Das Volk hat Gelegenheit, sich zu äußern
zu betteln
oder auch zu weinen.
Draußen tobt der Verkehr
Leute laufen mit Tüten und Taschen am Arm in die Geschäfte
und wieder raus
hier ist es still
hier steigen die Hilferufe der Kranken und Gequälten schweigend
zum Gewölbe hoch.

(2014)

Ich mache noch eine Runde durch die Kirche, lasse die Atmosphäre auf mich wirken. Sehe vor meinem inneren Auge all die frommen Künstler, die vor vielen hundert Jahren diese Figuren und Reliefs der Heiligen geschaffen haben. Und jede Figur hatte seine Bedeutung. Mit Hilfe des Antonius konnte man zum Beispiel die Viehseuchen bekämpfen, oder auch Sachen, die man verloren hatte, wiederfinden. Antonius ist beliebt, in vielen Kirchen ist er zu Hause. Oft kann man ihn gleich im Foyer antreffen, wie auch in der Severinskirche, da, wo die vielen Kerzen brennen.

Dies ist ein guter Platz für einen Wanderer: Draußen ist es vielleicht kalt, hier sitzt man im Warmen, kann sich ausruhen, angesichts der Bilder und Figuren und der vielen Kerzen vor sich hinmeditieren.

Im Foyer

Von den brennenden Kerzen
beim Heiligen Antonius
tropft manchmal
das heiße Wachs auf meinen Dichterzettel
Antonius, der das kleine Jesuskind am Arm hat.
Und ich sehe in die Flammen
und spüre die Stille um mich her
höre draußen
den Regen plätschern.
Und jetzt schlurft ein uralter Mann
durch die Tür herein
blickt stirnrunzelnd auf mein Blatt
er betet
ich
per Kugelschreiber
ebenfalls.

(2014)

Ich verlasse die Kirche und trete auf den großen Platz an der Severinstraße und setze meine Runde fort.

Stadteinwärts

Die Frage: Wohin nun? Ich könnte zur Annostraße runter, durch das Stollwerkgelände und weiter zum Rhein gehen. Oder die St. Magdalenenstraße gegenüber nehmen Richtung Neumarkt. Oder weiter auf der Severinstraße bleiben und in die City.

Beim Stadtwandern ist es wichtig, eher instinktiv die nächsten Schritte zu tun. Spontan sich zu entscheiden. Keine bestimmte Richtung verfolgen, einfach dem Gefühl nachgehen, der Nase nach, wittern: Was ist für mich jetzt in diesem Moment der richtige Weg? Welche Plätze, Orte sind für mich, für meine augenblickliche Stimmung am geeignetsten, am wohltuendsten?

So kann man einfach, weil man aus dem Bauch heraus handelt, sich plötzlich in Gegenden, Straßen wiederfinden, die man gar nicht im Fokus hatte, die man kaum kennt, und gelangt unversehens zu überraschenden, unerwarteten Eindrücken.

Diesmal schlage ich den Weg zur Innenstadt ein. Vielleicht aus alter Gewohnheit. Die Severinstraße ist der kürzeste Weg in die City. Und nie langweilig.

Und schnell kommt man ins Gespräch.

Senioren-Kino

Traf heute Nachmittag eine Kollegin von mir
eine Stadtwanderin
Eva Böll sieht man fast täglich auf der Severinstraße.
„Nun, gibt's was Neues?"
„Nee", sagte sie, „gehe aber jetzt in die Senioren-Vorstellung. Bloß vier Euro."
Sie hielt mir ihre Eintrittskarte hin
vom Odeon-Kino nebenan.
Ich betrat das Foyer
im hinteren Teil warteten bei Kaffee und Saft die Leute
über dreißig Besucher
und nur Frauen.
„Ist das eine Seniorinnen-Veranstaltung?"
fragte ich den Mann an der Kasse.
Der grinste:
„Die Männer arbeiten
oder trinken ein Bier im Brauhaus
oder sind schon tot."

(2015)

Ich gehe weiter, komme nun an der Severinsbrücke vorbei und sehe schon von weitem den großen Zaun am Waidmarkt, der das Loch begrenzt. So wird allgemein die Stelle genannt, an der vor ein paar Jahren beim U-Bahn-Bau das Stadtarchiv und andere Häuser einstürzten.

Und wir, Gilla und ich, kamen nicht viel später dran vorbei – und ich notierte.

Einsturz

Wir stiegen aus der Straßenbahn
dann die Treppe hoch, bogen links ab zur Bushaltestelle.
Das aber ging nicht – eine Sperre.
Ich trat näher und sah drüben einen Steinhaufen
ein mächtiger Berg, Betonklötze ragten raus.
„Das Stadtarchiv ist eingestürzt“, sagte eine Frau neben uns
„dreißig Tote“.
Dass Tote drunter lagen, war klar
der Berg erstreckte sich über die ganze Straßenbreite
bis zur Bushaltestelle.
Hätten wir eine Stunde früher diese Fahrt gemacht, hätte es uns erwischt.
Ich guckte mich um
eine riesige Katastrophe in Köln, aber kaum Leute
ich stand an der Barriere, wenig Neugierige
und auch Gilla hielt sich zurück
und mir wurde bewusst, dass da drüben ein Grab war
der Tod
und die Leute wollten sich nicht näher drauf einlassen.

Wir gingen dann
immer an der U-Bahn-Baustelle lang
woanders konnte man nicht hergehen
wenn man zum Chlodwigplatz wollte.
Wir sind jede Woche diese Straße gegangen
wenn wir unsere Bekannten im Café trafen
oder wie heute zum Boulespielen
und wir waren stehen geblieben und hatten den Arbeitern zugesehen
so weit man überhaupt was erkennen konnte
– der Schacht für eine U-Bahn kann unglaublich tief sein
ein Krater.

Und darin war das Stadtarchiv gestürzt
und die Häuser links und rechts.
In eins konnte man reingucken
oben in der halben Wohnung hingen noch Kleider am Haken
und es stand noch ein Schrank an der blauen Tapete.
– Und die Bewohner?Wir waren also nun auf dem Weg zum Chlodwigplatz
und merkten auch da, dass sich eine Katastrophe ereignet hatte.
Es war nämlich ruhig
keine Arbeiter, kein Lärm
Totenstille.
Die Arbeiter waren entweder aus dem Schacht gelaufen
oder hatten die Order einer Arbeitsunterbrechung.
Wir gingen also an dem Schacht entlang
traten sehr behutsam auf
zwischen Hauswand und Schacht war es höchstens ein Meter
wir schielten vorsichtig an den Hausfassaden hoch
hörten förmlich, wie sich oben Steine lösten und runterkamen.
Hatten aber Glück
kamen zum Chlodwigplatz
trafen dann unsere Boule-Kameraden.
Einer hatte es inzwischen per Fernsehen erfahren
keine dreißig Tote
aber zwei hatte es doch erwischt.

Normalerweise klopfen wir uns auf die Schultern, wenn wir ein Spiel gewonnen haben.
An diesem Dienstag nicht.
Die Stimmung danach in der Kneipe war auch nicht besonders. (2009)

Das Loch am Waidmarkt

Es ist immer noch ein riesiges Loch, diese Baustelle. Man will genau untersuchen, wie es zu dem Stadtarchiv-Einsturz, zu dem ganzen Drama kam, wer eigentlich die Schuldigen sind, wo Fehler gemacht wurden – und so eine Untersuchung kann sich offenbar ziemlich hinziehen.

Ich war hier also damals mit Gilla, meiner Freundin, unterwegs gewesen. Denn mein Leben hatte sich seinerzeit nicht nur, was die Wohnung, den Stadtteil betraf, verändert, sondern auch privat. Nachdem Werner und ich uns einige Zeit in den Kneipen umgesehen hatten, wurden wir etwas ruhiger. Werner hatte nämlich seine Gerda kennengelernt, die in derselben Etage wie wir wohnte und bald bei uns einzog. Und ich traf eines Tages Gilla am Tresen vom Chlodwig-Eck, und auch sie zog bei uns ein.

Gilla war genau die richtige für mich, den Stadtwanderer. Hatte nicht so stark wie ich den Drang nach draußen, verstand das aber und freute sich über meine Berichte und Erzählungen von unterwegs. Sie studierte damals noch, meine Jobs brachten nicht sehr viel Geld, wir mussten uns finanziell einschränken. Doch Gilla, die bald auch junge Mutter war, akzeptierte das, blickte optimistisch in die Zukunft, und auch ich blickte optimistisch in die Zukunft.

Der Sohn studiert nun, Gilla arbeitet. Ich auch, aber manchmal bin ich der Stadtwanderer, der sein Terrain erkundet. Und momentan die Hohe Pforte durchschreitet Richtung Kaufhof. Ein großer Laden, ich kenne ihn gut, habe oft mit Gilla die Abteilungen durchstreift. Aber seltsamerweise, wenn ich allein unterwegs bin, mache ich um Kaufhäuser und Geschäfte einen großen Bogen. Habe dann nie vor, etwas zu kaufen, zu besorgen. Das würde mich stören, das würde mich ablenken. Das würde mich in meinem Bewegungsdrang eingrenzen.

Es gibt ja auch in solchen großen Läden Cafés, aber ich setze mich nicht rein. Zu steril vielleicht, oder nicht offen genug, weil meist der Blick nach draußen, auf die Straße, auf einen Platz fehlt. Die Schildergasse, die Fußgängerzone, in die ich nun trete, ist dagegen offen und lebendig.

Schildergasse

Kann sein, dass man sich gedrückt fühlt:
Die Arbeit geht nicht voran
man möchte raus, der sein, der man nicht ist.
Der Tipp: Schildergasse.
Viel Bewegung bis hin zum Neumarkt
aber auch Ruhepunkte:
Drei Russen, die ihrem Akkordeon Klassisches von Beethoven und bis Rachmaninow
entströmen lassen
vor allem aber dann die jungen Mädchen, die Haut zeigen
Haut überm Gürtel ihrer engen Jeans
dazu die harmonische Bewegung des Körpers
beim Schreiten, Wandeln, Sichzeigen in allen Variationen.
Das mit dem Bauch ist gerissen
Bauch und darunter der Ansatz des Tangas.
Die Mädchen tun damit so unschuldig
schlendern scheinbar ganz arglos vorbei
aber
sogar die Alten wie ich werden angelockt
– sollten ja nicht
auf die haben sie's ja nicht abgesehen –
doch wenn man nicht gut drauf ist
und dann in der Innenstadt spaziert
fallen auch für Leute wie unsereins hin und wieder Brosamen vom Tisch der
strahlenden Schönheitsköniginnen. (2010)

Die Schildergasse ist lebendig, aber auch hektisch. Und ich bemühe mich, schnell diesem Sog der eilig vorbeistrebenden Passanten zu entkommen. Sicher, es gibt einige Cafés, aber sie reizen mich nicht. Zu viel Unruhe in dieser Region. Vielleicht zieht es mich deshalb gerade hier zu den Kirchen. Zu der von den Antonitern zum Beispiel, die mit dem schwebenden Barlach-Engel.

Antoniterkirche: Trost in der City

Nüchtern, wie protestantische Kirchen oft sind
wenig Bilder, wenig Farben
das Wort soll nur wichtig sein
– im Zeitalter der Bilder, ob Kino oder Internet, eine schwierige Sache.
Das Wort steht höher als das Plastische, Bunte
tatsächlich könnte man dem zustimmen
vor allem als Dichter ist einem diese These nicht unwillkommen.

Nun, es gibt auch Kerzen in der Antoniter Kirche
und drüber schwebt der Barlach-Engel
grau, dunkel, nicht beleuchtet in einer dunklen Ecke
dunkel und düster
vielleicht soll eben das Wort nur hell leuchten
in dieser Umgebung
wie zum Beispiel seinerzeit das Wort von Carola Stern oder Dorothee Sölle.

Die gehörten zu den Sprecherinnen des Politischen Nachtgebets
das war vor über vierzig Jahren
da war hier viel los
das Wort war mächtig
die Leute schrien fast die Ungerechtigkeiten heraus
die Ungerechtigkeiten in der Gesellschaft
1968.
Und ich war in der letzten Reihe
merkte, das war was Bedeutendes
eine kleine Revolution
weniger in der Gesellschaft, mehr in der Kirche.

Heute versuchen sie die Errungenschaften von damals wieder rückgängig zu machen.
Normal
mal geht's liberal zu
dann wieder nicht

mal werden die Grenzen weit nach vorn geschoben
Spätere, Ängstlichere schieben sie wieder zurück.

Macht sich gut, der Pastor
der plötzlich am Altar steht
– es ist eine 10 Minuten Andacht
lese ich später im Informationskasten –
immerhin fast zwanzig Leute auf den Stühlen
die mal beim Shoppen eine Pause machen.
Ein guter Mann, der Pastor
jung und energisch
nicht zu jung, um die Leiden der Welt nicht zu kennen
von denen spricht er
dass Krankheit auch eine Chance beinhaltet
eine Chance, das Leben von einer anderen Seite zu erfahren
eine, die einen weiterbringen kann.

Nichts Neues, aber es kommt gut über
eben ein guter Prediger, dieser Mann des Wortes.
Und die meist alten Leute in der Kirche nicken
alt, und viele wohl auch nicht immer gesund
oder immer noch leidend
sie nicken
genau so ist es
nicken, stehen auf.

In dieser zentralen Gegend des Geschäftslebens
                    gibt es ausnahmsweise etwas gratis
das Wichtigste:
Trost in der täglichen Bedrängnis. (2013)

Zur Hohen Domkirche St. Petrus

Mehr los ist bei „St. Maria in der Kupfergasse“, in einer Seitenstraße. Da drängen sich die Leute um die Schwarze Madonna, um Gehör zu finden. Oder auch konkret ein Almosen zu bekommen. Und vielleicht anschließend zur Hohen Domkirche St. Petrus zu gehen, wie ich auch, da ist ebenfalls viel los.

Morgens um acht

Der dicke Dom-Schweizer wollte mich nicht durchlassen
„Wenn Sie nicht zur Messe wollen, stören Sie."
Ich wollte zur Messe
aber nicht beten, nur gucken
vielleicht beim Gucken dann doch etwas beten
doch das konnte ich dem dicken Dom-Schweizer nicht erklären
sie sehen in ihrem langen roten Talar nicht sehr intelligent aus
wohl auch wegen des groben Holzkastens mit dem Geldschlitz
den sie vor dem Bauch baumeln haben.
Ich ging nicht in ihn
sondern trat meinen Rückzug an
betrachtete mir statt des lebendigen Priesters rechts hinten in der Seitenkapelle
die tote schwarze Madonna links
die mit dem Schmuck überhäufte.
So eine schwarze Madonna hatte ich auch eben in der Kupfergasse gesehen
da gehe ich morgens zuerst rein
hab' noch 'ne Stunde Zeit bis zum Job
und ich sehe mich um.
Die Stadt ist morgens um acht wie tot
am Neumarkt ein paar vorbeihetzende bleiche Gesichter unter und über der Erde
aber dann in der Kupfergasse die Konzentration des Geistes
zumindest kein Geld und keine Termine im Blick
meist ältere Semester
die da in den eigens für diese Wallfahrtskapelle hergestellten Gesangsbüchern blättern.
Und der Priester hält 'ne kurze dynamische Rede
und bringt auch jene schwarze Madonna ins Spiel
die im Nebenraum zwischen Kerzen steht.
„Der Frank hat heute Morgen 'ne Operation
hilf ihm, dass er gut durchkommt."
Das ist ein aktuelles konkretes Anliegen
ein verständlicher Wunsch

➛

Morgens um acht

➛

und wir alle drückten dem jungen Frank die Daumen
im Rücken die helfenden Hände der Maria.
Es gibt aber nicht bloß geistige abstrakte Hilfe dort in der Kupfergasse
sondern nach der Messe im Innenhof auch Bares.
Das hatte nämlich der Pfarrhelfer in seiner Tüte
und vor ihm eine Schlange weniger andächtig murmelnder
vielmehr fast grölender, zumindest lauthals Dialoge führender Leute
in der einen Hand die Plastiktüte mit den Flaschen
die andere Hand dem Pfarrhelfer demütig hinhaltend
die sich dann schnell um das Fünfzig-Cent-Stück schloss
die milde christliche Gabe täglich.
Welche auch im Dom selbst ausgeteilt würde, hieß es
vielleicht von jenem Priester drüben am Seitenaltar persönlich
der zwar nicht direkt grölte
aber dessen Stimme doch sehr laut durchs Gemäuer schallte
ich hörte sie trotz der Entfernung
(ich durfte ja nicht näher ran)
von 'ner Bitte an die Madonna hörte ich übrigens nichts
– der Dom
vielleicht doch 'n Schlag anonymer als die heimelige Kapelle in der Kupfergasse.
Deshalb verweilte ich zwischen den kalten riesigen Säulen nicht länger
sehnte mich ein wenig nach der geheimnisvollen glitzernden Dunkelheit des
Aachener Domes
in dem ich letztens gewesen war
und ging runter zum Bahnhof
wo nun wirklich eine Menge Füße auf dem neugelegten Bodenbelag herumtrippelten
stellte mich an einen der Stehtische der vielen Cafés
und zückte, acht Uhr dreißig, mein Papier
– und tat, was Sache ist für unsereins:
dichten. (2012)

Der Bahnhof, weil zentral gelegen, ist ja in vielen Städten das eigentliche Zentrum. Auch mich zieht es immer wieder zum Kölner Hauptbahnhof. Ich bewege mich zwischen den zu den Zügen hin- oder von den Bahnsteigen herabeilenden Leuten. Eile selbst nicht, habe selbst ja keine Termine, kann die Geräusche, die Gerüche, die Farben entspannt in mich aufnehmen.

Und es ist seltsam, dass ich, nachdem ich am Porzer Gymnasium gekündigt hatte, fast täglich im Bahnhof zu finden war. Vielleicht, weil ich damals zum ersten Mal richtig die Freiheit spürte. Und am Bahnhof war sie konzentriert, die Freiheit. Da liefen damals vor allem auch die Italiener oder Spanier herum. Nicht hektisch, sondern ruhig, wie ich. Sie hatten wohl auch keine Termine, vielleicht auch zeitweise keine Arbeit, jedenfalls sah man sie in kleinen Gruppen daherschlendern, und manchmal standen sie oben auf dem Gleis und guckten dem Zug nach, der an der Seite vom Waggon die Aufschrift „Milano“ trug – oder „Genova“.

Sicherlich hatten sie Heimweh, aber sie fuhren nicht zurück, denn sie hatten, nehme ich an, das Gefühl von Freiheit kennengelernt, vermissten wohl die Geborgenheit in der Heimat, das Vertraute, aber waren froh, den engen Verhältnissen auf Sizilien oder Kappadokien oder sonstwo entronnen zu sein. Allerdings gab es auch – neben der Freiheit – das Risiko des Scheiterns. Die Arbeit zu verlieren, sich in der Fremde verlassen und einsam zu fühlen.

Man sieht diese Südländer weniger in den Cafés im Bahnhof. Wohl auch deshalb, weil die Getränke nicht gerade billig sind. Oder weil man lieber unter sich sein will und sich von anderen gestört fühlt.

Ich selbst lasse mich auch nicht nieder. Gehe nur herum und betrachte mir die oft exotisch anmutenden Reisenden, die in der Bahnhofshalle unterwegs sind.

4711
ECHT KÖLNISCH WASSER
KÖLN HBF
C

Im Hauptbahnhof

Leute mit Rucksäcken laufen, sich umsehend, energisch vorbei
fragen auf Englisch nach Einzelheiten
andere sitzen an der Wand der Halle und nicken langsam ein
andere, Asiaten, stehen in einer Gruppe vor den Schließfächern
versuchen, die Konstruktion zu begreifen
sie stellen den Koffer ein
ein stählerner Vorhang senkt sich
hebt sich kurz darauf
die Fläche ist leer, bereit für das nächste Gepäckstück.
Wo ist der Koffer geblieben?
Sie diskutieren und rätseln
fragen sich, ob sie ihr Gepäck jemals wiederbekommen.
Vielleicht erholen sie sich dann bei Starbucks
da ist Platz
denn viele potenzielle Gäste sitzen draußen in der Sonne auf den Stufen zum Dom
Platz für ein Schläfchen
oder um übers Laptop ins Internet zu gehen
sogar Platz zum Lesen der Zeitungen, die hier ausliegen
tiefe Sessel, Wohnzimmeratmosphäre.

Im Hauptbahnhof.
Man muss als Kölner nicht in die weite Welt reisen
die weite Welt kommt zu dir. (2012)

Zurück zum Dom

Das hatte sich dann allmählich gegeben, meine beinahe täglichen Ausflüge von der Südstadt zum Bahnhof: Ich hatte mich inzwischen an meine Freiheit gewöhnt. Trotzdem ist es immer etwas Besonderes, hier zu sein. Und immer wieder eindruckvoll, wenn man aus dem Haupteingang tritt, der Blick vom Bahnhofsvorplatz zum Dom hoch. Ich gehe nun die Treppe rauf und über den großen Platz vor der Kathedrale, wo Leute als Pirat, Ritter, oder Prinzessin verkleidet unbeweglich auf Podesten stehen und den Touristen ihre Hand für ein paar Münzen hinhalten.

Und zwischen ihnen manchmal ein Zauberer, der sich allerdings lebhaft bewegt, nämlich mit seinen behandschuhten Fingern elegant Kunststücke vollführt und vor allem bei Kindern mit seinen Tricks Begeisterung und ungläubiges Staunen hervorruft.

Auf der Domplatte

Am besten gefiel mir der Zauberer
um ihn eine Traube von Leuten
was aber auch verständlich war
denn er war gut
begeisterte nicht nur sich
sondern auch die Leute vor ihm
Schüler meist
die überrascht guckten
als er die Gabel, die er sich in den Mund gesteckt hatte, herausnahm:
es war nun ein Löffel
außerdem spuckte er auch ein rotes Tuch aus
das er kurz zuvor in seine Faust gesteckt hatte und dann verschwunden war.

Eine Menge weiterer Tricks hatte der Mann drauf
– normal in seinem Beruf.
Nur dass die Kunden fast auf Tuchfühlung um ihn rumstanden
ihm sozusagen auf die Finger sahen
fast in die Taschen seiner ausgebeulten Magier-Jacke gucken konnten
das muss ihm erst mal ein Kollege nachmachen ... (2012)

Wallfrafplatz

Hier im Zentrum der Stadt gibt es viele Möglichkeiten, irgendwo seinen Kaffee zu trinken. Mit Gilla war ich oft beim Campi, neben dem WDR. Man konnte am Fenster sitzen und dem Treiben auf dem Wallrafplatz zusehen. Oder dem Chef des Restaurants, der sich nicht scheute, selbst Hand anzulegen, wenn es nötig war. Und der mir zeigte, wie angenehm entspannt man sein Tagewerk verrichten kann.

Campi am Wallrafplatz

Campi, der Café-Besitzer, sitzt an einem der Tische
telefoniert mit Geschäftspartnern, schreibt Rechnungen, liest die Zeitung
weist die Kellner zurecht.
Geht auf die 70 zu, aber seine Gesten sind schwungvoll und energisch
Italiener eben.
Campi hat's gut
er muss seinen Cappuccino nicht bezahlen
sein Wohnzimmer ist gleichzeitig sein Arbeitsplatz
und es ist immer Leben um ihn.
Volles Haar wie einst Marcello Mastroianni
Hose und Jacke tiptop, das Hemd cremefarben, die Krawatte glänzend
und vor allem die Schuhe weich und schnittig
– typisch Südländer.
Campi hat ein Fitness-Studio nicht nötig
nimmt selbst den Besen und kehrt die Küche
die Seidenkrawatte schlenkert um den Besenstiel
die Zigarette im Mundwinkel passt zum Bild des Lebemannes
der Italiener meidet es, wenn er arbeitet, auch so auszusehen
erledigt sein Pensum genau, aber mehr so nebenher.
In der Stadt ist Campi eigentlich als Jazz-Musiker bekannt geworden
spielte nicht nur Trompete, sondern organisiert Auftritte von bekannten Leuten.

Als Student, vor 30 Jahren, habe ich in seinem Café gesessen und Französisch gelernt
jeden Morgen ein Kapitel des Sprachbuchs
in seinem früheren Laden auf der Hohe Straße
bevor ich dann für einige Wochen in den Weinfeldern von St. Emilion arbeitete.
Seit einem Jahr hat Campi dieses riesige Lokal am WDR
und bald gemerkt, daß der Platz davor sehr hässlich ist:
lose Pflastersteine, Pfützen, Schmutz
und hat deshalb einen Verein zur Verschönerung der Gegend gegründet
es sollen neue Platten gelegt werden
wer seinen Namen auf einen dieser edlen Quader eingraviert haben möchte
muss 5.000 DM bezahlen. ➛

Campi am Wallrafplatz

➛ Ich nehme an, eine Menge Leute werden scharf darauf sein
sich auf diesen zentralen Platz der Stadt verewigt zu sehen.
Campi kümmert sich
macht den Job, den eigentlich die Stadtväter machen sollten.
Natürlich denkt er auch an sich
ein schöner Platz vor dem Café bringt mehr Umsatz.

Campi ist jetzt mit dem Zollstock zugange
assistiert dem Mann mit dem Elektro-Bohrer
offenbar soll die Küche restauriert werden.
Jedenfalls kann man sagen, der alte Campi wird den Tag gut rumkriegen.
Auch ich arbeite (schreibend)
auch ich werde meinen Tag gut über die Bühne bringen. (2008)

Aber dann war es auch für Campi vorbei, das Leben. Vielleicht gibt es ja droben, jenseits der Wolken, für ihn eine Möglichkeit, so weiterzumachen wie bisher. Sich mit Musikern, Künstlern zu umgeben, und im Kreis seiner vielen Freunde einen Cappuccino oder Espresso zu trinken und sich auszutauschen.

Ist seltsam, wenn man hört, jemand, den man immer wieder in der Stadt getroffen hat, ist gestorben, ist endgültig von der Szene verschwunden. Man geht dann über den Platz, hier beim WDR, und nichts zeugt mehr davon, dass jener Gigi Campi eine bedeutende Rolle im kulturellen Leben der Stadt gespielt hatte.

Betrachtung am Fenster

Ist der Clown auf dem Foto hinterm Tresen Gigi?
Eher nicht
noch kein Bild von dem kürzlich gestorbenen Café-Chef an der Wand.
Immerhin auf der letzten Seite der Getränke-Karte eine Information
über die Campi-Generationen in Köln
beginnend 1926
als zwei Italiener beim Auswandern kein Geld mehr hatten für 'ne Fahrkarte nach Paris
es reichte nur bis Köln
und so ging's los.
Jetzt stehen andere Leute an der Kaffeemaschine
auch einer der Söhne, Enkel?
Jedenfalls – der Familienname leuchtet in roten Lettern weiterhin über den Wallrafplatz.
Die Touristen werden kaum etwas damit anfangen können.
Es genügt, wenn der eine oder andere Stammgast am Fenster sitzt
versonnen auf die regennassen Pflastersteine guckt und erkennt:
das Leben ist mitunter spannend, angenehm, richtig schön
aber vergänglich.

(2010)

Sicher, die Tasse Kaffee ist nicht gerade billig in den Lokalen um den Dom herum. Manchmal muss man ja aufs Klo und man nimmt notgedrungen irgendwo Platz und bestellt ein Getränk. Ein Tipp in solchen Fällen: das Dom-Forum. Man geht hinter der Seitentür rechts die Kellertreppe runter und findet gleich eine angenehme, saubere Toilette. Kann sich dann übrigens noch oben hinsetzen und in einer der ausliegenden katholischen Zeitungen blättern. Kein Kellner kommt und fordert eine Bestellung. Allerdings wurde der Raum letztens modernisiert. Keine gute Idee, meine ich.

Immerhin: im Keller befindet sich ein kleiner Filmraum. Jeden ersten Freitag im Monat gibt es für wenig Geld Vorführungen. Mein alter Bekannter Jürgen Kisters, Journalist und Kino-Fan,

Dom-Forum

Ging wie üblich ins Dom-Forum rein
der Kaffee preiswert, und Klo gratis.
Aber sie hatten renoviert
offenbar für viel Geld
Polstersitzgelegenheiten, neue Lampen
Doch ich konnte mich nicht setzen
jedenfalls nicht richtig
es gab keine Stühle
nur Bänke
weich, aber ohne Lehne
und niedrige Tische, um Gläser und Tassen abzustellen
doch keinen, an dem man sitzend schreibend könnte.
Ungemütlich, sagte ich zu der Frau am Tresen.
Modern, sagte sie.
Aber das Urteil war gefällt:
nur fünf Gäste hockten, sichtlich mit Unbehagen, auf den gepolsterten Bänken
dafür vier Angestellte an den Tresen mit Broschüren und Kaffeemaschinen
hatten nichts zu tun
früher war der Saal immer gut besucht.
Ein Gebäude der Katholischen Kirche.
Viel Geld wurde reingesteckt
für die modern denkenden Architekten
nicht für die Gläubigen.

(2013)

---

hat mich darauf aufmerksam gemacht. Denn er selbst ist der Veranstalter, sucht jeweils die Filme aus, ältere, oft französische oder britische, und die Begeisterung, mit der er zu Beginn auf die inhaltlichen und künstlerischen Merkmale des Streifens hinweist, steckt die Zuschauer an. Und sie bleiben gern nach der Vorführung zur Diskussion im Saal sitzen oder gehen mit ihm hoch und man trifft sich an einem der Tische.

Eine schöne Gepflogenheit, sich nach einem Filmbesuch noch etwas zusammenzusetzen und über seine Eindrücke und Empfindungen zu sprechen, das findet man in der Stadt ja sonst kaum noch.

Wenn ich dann abends aus dem Forum auf den Domplatz trete, sehe ich nicht selten noch Walter Herrmann in Aktion. Die Klagemauer ist gewissermaßen ein Kunstwerk, könnte man, nach Beuys, auch unter „soziale Plastik" einordnen. Unwillkürlich fällt mir in dem Zusammenhang H.A. Schult ein, der auf dem Roncalliplatz am Dom mal seine Trash-Figuren aufgebaut hatte. Der umtriebige Aktionskünstler, der vor allem mit seinem goldenen Flügel-Auto auf dem Stadtmuseum Diskussionen auslöste. Der ein Freund ist von Alfons, meinem Juristen-Kumpel. Die beiden treffen sich, erzählte mir Alfons, nicht selten im Ustinov-Cafe im Domhotel, und das war der Grund, warum ich eines Tages mich auch in diesem von der Öffentlichkeit wenig beachteten, aber bemerkenswerten Lokal umsah.

Walter Herrmann

Walter Herrmann steht vor dem Dom und hält ein Schild hoch
„gegen die israelischen Aggressoren“, heißt es da.

Schon vor zwanzig Jahren hat Walter Herrmann Schilder hochgehalten
oder zusammengebunden zu einer Wand
um die jeweils aktuelle Ungerechtigkeit in der Welt anzuprangern.
Die Schilder-Wand vor dem Dom, die „Klage-Mauer“, wurde immer größer
bis die Polizei kam, und Walter Herrmann musste den Platz räumen.
Jetzt kocht er auf sparsamer Flamme
aber seine Energie hat nicht nachgelassen
seine Augen treffen den vorbeieilenden Passanten
versuchen ihn festzuhalten
zum Lesen seiner Plakate
zum Diskutieren.
Mag der Wind noch so kalt sein
die Sonne noch so heiß
Walter Herrmann steht auf seinem Posten.
Damals oft in den Medien
als er, sich wehrend, per Polizeigriff abgeführt wurde
heute kaum beachtet.

Walter regt die Öffentlichkeit nicht mehr auf
nur hin und wieder einen vorbeischlendernden Touristen
den er in ein Gespräch verwickelt
in der Hoffnung, dass der seinen Samen weiterträgt
irgendwohin. (2013)

Dom-Hotel

Im Ustinov's

Sitze im Café vom Dom-Hotel.
Vornehm
das Hotel sieht vornehm aus
liegt auch vornehm
nämlich direkt am Dom.
Ich sitze hier, weil Alfons auch manchmal hier sitzt
genau genommen freitags um zwölf.
„Da treffe ich mich immer mit H.A. Schult."
H.A. Schult ist Aktionskünstler
über den damals in der Südstadt seine Kollegen die Nase rümpften
– zu viel auf Show aus.
Aber die meisten der Südstadt-Künstler sind von der Bildfläche verschwunden
über H.A. Schult war letzte Woche eine ganze Seite in der F.A.Z.
Alfons liebt Künstler und hat deshalb Kontakte.
„Wenn auch H.A. Schult nicht einfach zu nehmen ist", sagt er
„stößt die Leute bisweilen vor den Kopf."
Ist sehr von sich überzeugt
(stellt sich z.B. ohne weiteres auf eine Stufe mit Christo und Beuys)
aber das ist ja bei Kreativen nicht selten
ihr großes Selbstbewusstsein.

Ich bin nicht im Café, um H.A. Schult kennenzulernen
sondern weil ich Orte liebe, wo solche Treffen stattfinden
Treffen von Leuten, die jahrelang sich genau hier begegnen
das prägt den Ort

➛

➛ das macht ihn interessant
für die Akteure selbst
und für die Zuschauer, wie mich.
So bin ich also hier im Dom-Hotel
und lese die Sprüche von Peter Ustinov
dem jüngst Verstorbenen
nach dem dieses Café benannt wurde.
Die Wände zeigen Fotos des Welt-Stars
und einige seiner originellen Zitate
in den Sprachen, in denen er sich wie zu Hause fühlte
Englisch, Deutsch, Französisch.
Vielleicht auch ein Laotse-Fan.
„Wenn man nicht weiß", heißt es nämlich da, „was man machen sollte
sollte man nichts machen"
oder
„wichtig im Leben ist, faul zu sein, und ein Optimist
der glaubt, das Beste noch vor sich zu haben."

Übrigens ist es jetzt fünf vor zwölf
und es ist Freitag.
Vielleicht kommen die beiden Männer gleich durch die Tür.
Ich verdrücke mich
ich will ja bei solch freundschaftlicher Verbindung kein Quereinsteiger sein. (2013)

St. Andreas

Alfons, der im katholischen Milieu aufgewachsen ist, machte mich auf Albert den Großen aufmerksam. Wenn er, Alfons, in Rente sei, wolle er sich mit den Schriften dieses auch für Köln wichtigen Philosophen und Kirchenlehrer auseinandersetzen, vielleicht auch ein Buch drüber schreiben. Für mich ein Anlass, zur Andreaskirche rüberzugehen und das Grab des Heiligen zu besuchen.

Beim Albert

Sitze direkt neben dem Grab des Hl. Alberts, des Großen
hat im 13. Jahrhundert gelebt
war wahrscheinlich dabei, als die Grundsteinlegung des Kölner Domes stattfand.
Ein Dominikaner, also Bettelmönch
durfte nur zu Fuß reisen, Pferd und Kutsche waren Luxus
hatte eine Menge Klöster unter sich
zog also per pedes durch ganz Deutschland, um sich mal sehen zu lassen.
Sammelte unterwegs Steine auf und Pflanzen
und untersuchte sie, war eben neugierig.
Wissen ist nicht alles, aber viel
ließ sich auch durch die Gebote der Kirche im Wissensdrang nicht aufhalten.
Aber war kein Einsiedler, kein Einzelgänger
fühlte sich auch in großen Versammlungen wohl
vor allem, wenn er Streithähne schlichten konnte.
Aber ich sehe ihn lieber als Spaziergänger
ein Spaziergänger, der nebenher seine Eindrücke aufschreibt.
Hat 22.000 engbeschriebene Seiten hinterlassen, heißt es
ging durch die Landschaft und notierte
fast ein Wunder, so ein Riesen-Werk.

Hier liegt er nun, unter einer soliden schlichten Grabplatte.
Manchmal kommt jemand rein und guckt neugierig
und schreibt dabei seine Eindrücke auf
– das wird Albert verstehen.
Autoritätsgläubig war der Mann vermutlich nicht
dass hier ein Papst vor 30 Jahren (laut Tafel an der Wand) mal betete
wird ihn nicht sehr beeindruckt haben. (2010)

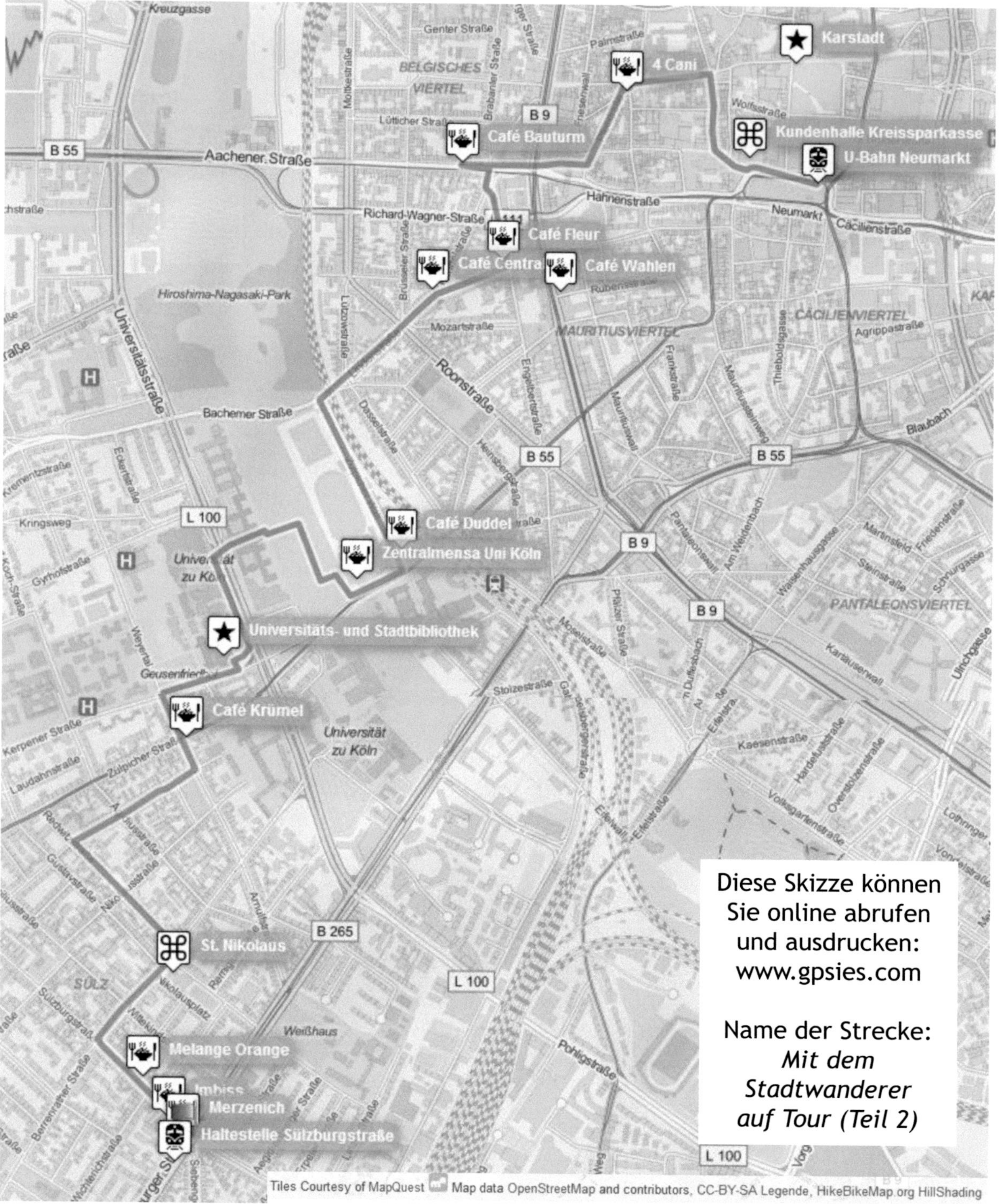

Diese Skizze können Sie online abrufen und ausdrucken: www.gpsies.com

Name der Strecke: *Mit dem Stadtwanderer auf Tour (Teil 2)*

Teil 2

Vom Neumarkt bis zur Sülzburgstraße

Neumarkt

Da ich gerade in der Nähe bin, steige ich beim McDonald die Treppe zur U-Bahn runter und fahre zwei Stationen bis zum Neumarkt. Zwischendurch Straßenbahn fahren entspannt und man kann schnell die Szene wechseln. Würde allerdings was kosten, wenn man jedes Mal ein Ticket lösen müsste. Als Stadtwanderer, und auch wegen meiner Jobs, habe ich mir ein Monats-Abo zugelegt, nicht billig, aber weil ich viel unterwegs bin, rechnet sich das.

Der Neumarkt, ein zentraler Platz zwischen Geschäften, ist nicht anheimelnd, zu viel Verkehr auf allen Seiten. Jeder Fußgänger versucht schnell, ihn zu überqueren und dem Lärm zu entgehen. Nur vor Weihnachten, zwischen den Buden, ist Gedränge. Oder wenn der Zirkus Roncalli mal wieder sein neues Programm vorführt. Bernhard Paul, Österreicher, der Zirkusdirektor, ist erst in Köln richtig bekannt geworden. Ich entsinne mich noch, wie Ende

Zirkus Roncalli

Der Mann
der gerade erst
in einer kleinen Kugel eingezwängt
in das Licht des Scheinwerfers gerollt war
nahm eine dieser schmalen Seifenblasenspiralen
und blies Seifenblasen.
Die dünnen buntschillernden Kugeln stiegen zum Zirkuszelt.

Dann
als der Mann
der wie ein Zauberer oder ein Sternenmensch angezogen war
sah
dass die Kugeln doch nicht sehr hoch flogen
und schnell zerplatzten
blickte suchend sich um
nahm eine ganz große Stahlschlinge
und einen ganz großen Eimer voller Seifenlauge
tauchte die Schlinge hinein
schwang die Stange durch die Luft

➛

---

der Siebziger seine paar Wagen auf dem Platz neben dem Stollwerkgelände standen, das damals von jungen Leuten und Künstlern besetzt war. Und abends kamen einige Studenten von der Werkschule ins Chlodwig-Eck und erzählten von ihrem Job, nämlich der Bemalung von Gerhards Zirkuswagen.

Der Mann hatte das richtige Händchen, erkannte die Marktlücke: nicht mehr wie früher kostenintensive Tiger und Elefanten und Pferde in die Arena zu schicken, sondern die Zuschauer mit Eleganz, Schönheit, Romantik zu gewinnen. Keine biederen Witze und plumpen Clowns-Darbietungen mehr, sondern anrührende Bilder, fantasievolle Geschichten, die mit einfachen Mitteln, etwa mit Hilfe von Seifenblasen, erzählt werden. Wie in einer der ersten Aufführungen auf dem Neumarkt.

Zirkus Roncalli

➛ sanft
und siehe da
ein riesiger Seifenball löste sich vom Draht
stieg hoch
ein Meteor
ein farbenprächtiger im Scheinwerferlicht
stieg hoch zum Zirkuszelt
und zerplatzte
sanft still.

Der Mann
der Sternenmensch
guckte verschämt und glücklich über
diesen Erfolg
vor sich hin
versuchte es noch einmal.
Die Schlinge fuhr durch die Luft
weit
weit
eine riesige Blase nach der anderen
stieg empor
immer neue
ganz große
und etwas kleinere.
Der Mann
der Schöpfer des farbenprächtigen
Weltalls
wuchs
schien zu wachsen
und lächelte, strahlte glücklich
er
der Beherrscher
Schöpfer der Welt.

Und immer neue Schwünge
immer neue Bälle
– still
sanft
schwebten sie hoch.
Die Zuschauer saßen da
bewegungslos –
die Kinder
vorher laut und fahrig
ganz still.

Und der Mann
der Sternenmensch
als alles vorbei war
die letzte Blase hoch unter dem Zelt
zerplatzt
sich aufgelöst hatte
lachte leise in sich hinein
nickte vor sich hin
und stieg wieder in seine Kugel
eine Weltkugel aus Pappe
schloss von innen die beiden Hälften
und rollte
in tiefer Stille
unter angehaltenem Atem der Zuschauer
aus der Manege. –
Die Musiker begannen zögernd zu spielen.
Wir zogen laut die Luft ein
– die Erde
sie hatte uns wieder. (1981)

Neumarkt – Aposteln – Breite Straße

Vom Neumarkt geht es weiter zur Apostelnstraße. Aber vorher noch in die Kreissparkasse. Sparkassen sind immer gut. Man kann rein, wenn es regnet oder kalt ist, und herumlaufen, ohne dass man gestört wird.

In dieser Sparkasse kann man an einem Brunnen sich sogar frisch machen, nicht nur mit Wasser, sondern auch mit 4711-Parfüm. Das tröpfelt aus einem kupfernen Rohr, und man kann sich Duftnoten hinters Ohr setzen. Außerdem Notizen machen.

Draußen ist's kalt

Draußen ist's kalt
also rein in die Sparkasse
n' Formular aus'm Fach
und hinten ein Gedicht drauf
– bis die Finger wieder warm werden
und wenn die Verse gut sind
das Herz auch. (2010)

Die Apostelnstraße mit ihren kleinen Geschäften, auch dem alten Gloria-Theater, ist ein ansprechender Weg zu der quirligen Breite Straße. Da läuft die modebewusste Jugend in die angesagten Geschäfte. Ältere sieht man wenig.

Eine Zeit lang noch Yussuf, der damals ständig im „Bepi", dem bekannten italienischen Restaurant nicht weit vom Theater, sich aufhielt und Karten spielte und ein Zubrot damit verdiente. Yussuf, obwohl schon älter, fiel unter der Jugend nicht so auf, weil er stets elegant gekleidet war und mit einem schneidigen Schritt sein Viertel abschritt.

Yussuf

„Haste mal 'n Heiermann?"
war mehr eine reflexhafte Äußerung von Yussuf
den ich seit langer Zeit mal wieder getroffen hatte
reflexhaft aufgrund jahrelanger Gewohnheit
denn erstens hat ja mittlerweile der Euro die D-Mark abgelöst
mithin war dieses 5-Mark-Stück mit dem Adler drauf nicht mehr auf dem Markt
und zweitens hatte Yussuf
wie er mir dann, als wir zusammen ein Stück weitergingen, erzählte
nun 'nen Job
war sogar richtig fest angestellt
hatte also immer Kleingeld
oder – im Gegensatz zu früher – sogar Scheine in der Tasche
– beschäftigt übrigens bei 'nem Werbe-Unternehmen
dessen Chef er so lange angepumpt hatte
bis der eines Tages sagte:
„Yussuf, ich stelle dich bei mir ein, kommt billiger."
Yussuf, der stadtbekannte Schnorrer
aber auch Märchenerzähler
weshalb ich ihm wohl
als er das von dem Job erzählte
eine zweifelnde Miene zeigte
denn Yussuf grinste breit
und deutete mit dem Finger auf seine schön blinkenden Zahnreihen:
„Alles neu, von meinem eigenen Geld."

Yussuf also nun ganz oben,
ziemlich elegant angezogen
worauf er allerdings auch in trüberen Zeiten immer Wert gelegt hatte
und auch sein Gesicht wie seinerzeit tief gebräunt
wenn auch mehr Falten, 'ne Menge mehr Falten
dazu sein Gang etwas holprig, vielleicht ein paar Bier zu viel täglich
seine Fahne konnte man trotz einer Parfümwolke als Tarnung gut rausfiltern.

Yussuf

Eine angenehme, überraschende Begegnung trotzdem
denn Leute
die bisweilen auf Parkbänken nächtigen oder in Büros
deren Fenster sie abends heimlich aufdrücken
sieht man im Alter
– Yussuf geht immerhin auf die 60 zu –
nur noch ganz selten auf der Ehrenstraße daherschlendern. (1995)

Damals stets die Frage nach 'nem Heiermann. Man konnte dann, sozusagen als Belohnung, eine von seinen Geschichten hören, die er vielleicht etwas dramatisierte, die aber im Grunde der Realität entsprachen. Dass er zum Beispiel nicht selten in einem Büro auf dem Großmarkt übernachten musste, weil man ihm seine Wohnung gekündigt hatte. Manchmal fand er dann eine Frau, die diesen weltmännisch auftretenden Mann bei sich aufnahm und sogar mit ihm in Urlaub fuhr.

Doch dann sah man ihn eines Tages, sich hin und wieder an der Hauswand abstützend, schlurfend vorbeiziehen – die Folge eines Schlaganfalls.

Und nicht viel später traf ich ihn eher zufällig im Park von Michaelshoven. Er saß im Rollstuhl, winkte aber lebhaft mit der Hand. „Hast du nicht grad' ein bisschen Kleingeld übrig? Brauche unbedingt Zigaretten." Das Übliche.

Yussuf lebte im Heim nebenan, erfuhr ich, wurde betreut, war nicht unzufrieden. Musste aber hin und wieder Zigaretten auf sein Zimmer schmuggeln oder auch mal einen Flachmann. „Die Pfleger und Ärzte", sagte er und grinste, „merken es nicht. Sind sowieso eine besondere Type von Menschen. Wenn du immer unter Behinderten und Alten und Kranken lebst, wirst du selbst allmählich einer von ihnen."

Sein geliebtes Viertel in der Innenstadt wird er wohl kaum mehr besuchen können.

Wahrscheinlich würde er auch kaum einen von den früheren Bekannten dort antreffen.

Normal. Die Stadtteile verjüngen sich ununterbrochen. Die Älteren ziehen weg oder sterben, und die, die bleiben, fühlen sich unter den jüngeren Leuten nicht mehr wohl.

Ehrenstr
OPTIK OBERLÄNDER

Zu alt für „4 Cani“

Hatte vor drei, vier Jahren nicht das Gefühl
zu alt zu sein
zu alt für das Café „4 Cani“ an der Ehrenstraße.

Saß nun da und sah die Kundschaft und hatte ein widersprüchliches Gefühl
einerseits war es schön, die jungen Leute zu sehen
anderseits fühlte ich mich doch etwas unterlegen:
ein Alter, der sich hier bloß aufgeilen will.
Ist im Prinzip nichts gegen zu sagen
man sollte sich immer den Blick und die Neugier für Schönheit und Frische bewahren
aber, dachte ich, vielleicht haben DIE was dagegen
von 'nem graubärtigen, trockenhäutigen Mann beobachtet zu werden
wenn ich auch nicht der einzige Ältere war.
Vielleicht befassen sie sich auch gar nicht mit solchen Überlegungen.
Aber das Problem ist, dass ICH das denke,‘
ich bin zu alt für „4 Cani“
und die Leute gucken mich an.

Ich ging dann zu Klaus Bittner, dem Buchhändler, rein und sagte ihm das.
„Ich geh' ich auch nicht mehr in die Cafés hier“, sagte der
„vor allem nicht ins ‚4 Cani‘
nur junge Leute.“
Dabei war Klaus nicht mal fünfzig.

Das Einzige, was man zur Aufarbeitung dieses Problems noch machen kann:
ein Gedicht schreiben wie dieses. (1998)

Breite Straße

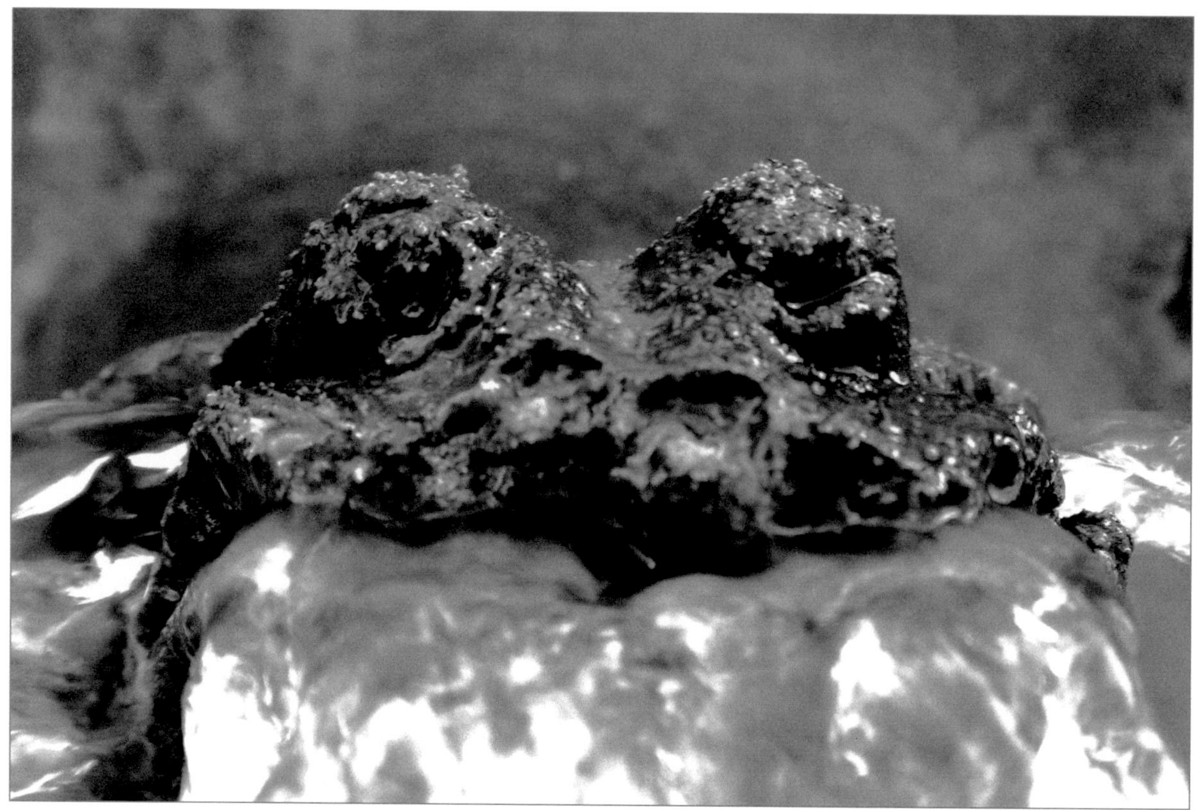

Obwohl – Alfons, der Jurist, ist etwas älter als ich und spaziert immer noch gern über die Breite Straße. Bezeichnet die Gegend sogar als „sein Dorf", das er am Mittag, wenn er sein Büro neben der Minoritenkirche verlässt, wie ein Ortsvorsteher durchschreitet auf den Weg zum Stamm-Restaurant „Hase". Ich bin mal mitgegangen. Ständig trifft er Bekannte, man grüßt sich, unterhält sich. Auch bei dem einen oder anderen Bettler bleibt Alfons gerne stehen, spricht mit ihm, lässt natürlich dann einen oder zwei Euro in den Pappbecher fallen.

Letztens traf ich Alfons wieder in der Gegend. „Das ist Elke", sagte er, „nettes Mädchen". Eine junge Frau stand bei Karstadt an der Ecke, die fast fröhlich die vorbeigehenden Leute begrüßte und die Hand aufhielt. „Stell dir vor", sagte Alfons, als wir weitergingen, „neulich habe ich sie gefragt, wo denn ihre Narbe geblieben wäre, die sie am Kinn hatte. Die war plötzlich ver-

schwunden. Und es kam heraus: Es war gar nicht Elke, die da stand, es war die Zwillingsschwester. Die beiden wechseln sich manchmal ab, und niemand merkt es!"

Ich betrachte die Wasserspeier am Brunnen vor dem WDR-Gebäude am Hanns-Hartmann-Platz, gehe dann die Breite Straße zurück und über die Pfeilstraße zum Rudolfplatz. Würde ich links Richtung Zülpicher Platz weitergehen, käme ich zu „Wahlen", dem stadtbekannten Traditions-Café. Viele solcher Lokale mussten schließen. Dicke Kuchenstücke essen ist nicht mehr zeitgemäß.

„Wahlen" kann sich aber noch halten. Und jetzt sitzen auch wieder jüngere Leute an den Tischen, wollen wohl die Atmosphäre schnuppern, die früher an solchen Orten herrschte.

Das Alt-Café

Wollte ich schon immer mal hin
in dieses gediegene Kuchen-Café.
Vor nicht langer Zeit haben die Damen da noch mit Hüten gesessen
jetzt nicht mehr
aber die geblümten Tapeten und Broschüren
die mit weißen gerafften Gardinen bedeckten Fenster sind noch da
und die vielen Grauhaarigen
aber auch Teenager
oder das Mittelalter.
Dazwischen ein paar Schwule
die wohl für Teppiche und Korbsessel mit dicken Polsters und Silberkännchen was übrig haben.
Der Kuchen schmeckt, wie er aussieht: saftig, lecker.
Die Bedienung in Schwarz-Weiß natürlich
nicht sexy, aber aufmerksam.
Die Tischgespräche verhalten geführt, die Atmosphäre gedämpft.

Sich zurücklehnen und in die gute alte Zeit der fünfziger, sechziger Jahre eintauchen
das geht nur im Café Wahlen am Hohenstaufenring. (2012)

„Wahlen" ist eine Ausnahme. Mich zieht es vom Rudolfplatz gewöhnlich in die Aachener Straße, und zwar ins Bauturm-Café. Das muss schon lange existieren, ich weiß gar nicht mehr, wann ich zum ersten Mal dort gesessen habe und Theaterluft schnupperte. Damals jedenfalls, vor der Erweiterung und Modernisierung, hatte man immer den Eindruck, das ist mehr oder weniger ein Aufenthaltsraum für Schauspieler, die im Bauturmtheater auftreten. Die vor oder nach der Aufführung hier ihren Kaffe oder ihr Bier trinken. Oder sie lesen am Tisch, über Papier gebeugt, noch mal ihre Rollen durch und machen mit den Bleistiften und Kulis, die überall herumlagen, Anmerkungen.

Das Bauturm-Café, es kam mir vor wie ein Hort der Freiheit. Die Schauspieler gelten ja immer als freies, liberales Völkchen. Und Freiheit als Thema bringen sie ja gewöhnlich in ihren Stücken dem Zuschauer nahe.

Und sie überzeugen, weil sie auch selbst danach leben: Es gibt in dem kleinen Bauturm-Theater sicher keine große Gage, Rücklagen für Notzeiten oder später die Rente sind also kaum drin.

Hauptsache, man hat genug zu essen und zu trinken, vor allem aber, Geld für die Café-Zeit. Was heißt, Menschen zu treffen, zu kommunizieren, Gedanken auszutauschen..

„Alle Neuerungen in der Gesellschaft“, sagt Josef, mein alter Kumpel, „sind zuerst in Cafes oder Kneipen auf den Weg gebracht worden. Man saß mit Gleichgesinnten zusammen und diskutierte, und irgendwann schritt man zur Tat.“

Die Einrichtung des Bauturm-Cafés war auch, und ist zum Teil noch, in diesem Sinne: einfache Tische und Stühle, ziemlich eng und zweckmäßig gestellt, keine aufwendige Dekoration. Dazu passt auch der Kronleuchter, riesig, pompös zwar, aber kein Kristall, sondern aus schlichtem Material und künstlerisch umgesetzt.

Der Kronleuchter

Der Kronleuchter im Bauturm-Café fällt als erstes ins Auge
zersplitterte Wein- und Wassergläser
dazwischen Silber in Form von Schneebesen und Spül-Siebe
das riesige Rund der Lampe zusammengehalten von dicken Rohren.
Ein mächtiges Teil
man bangt um die Gäste an den Tischen darunter
denn wenn der Haken, an dem alles hängt
vom Gewicht aus der Decke gerissen wird ...
Als zweites fallen die Leute auf
lang- und auch ganz kurzhaarige redegewandte, redefreudige Figuren
entweder selbst Schauspieler aus dem benachbarten Theater
oder Stammgäste.
Jedenfalls anregende Atmosphäre
und kreative Ansätze
zumindest liegt auf jedem Tisch ein Bleistift
und Papier
wenn es einen überkommt
kann man gleich loslegen
– wie ich jetzt.

(2008)

Engelbertstraße

Ich überquere die Aachener Straße, biege in die Engelbertstraße ein. Das ist ein Muss, denn hier wohnte ein Kollege von mir, ebenfalls ein Stadtwanderer. Oft war der Mann spät abends oder mitten in der Nacht unterwegs, mit ziemlich düsterem Blick auf die Gegenwart, auf das Zeitgeschehen, auf seine Landsleute, auf die Stadt, in der er auszuhalten gezwungen war, wie er häufig betonte. Unbarmherzig wies er auf die Hässlichkeiten hin, die er auf seine Gängen antraf, registrierte jeden schmutzigen, wild plakatierten Bauzaun, die Ölpfützen auf der Straße, empörte sich über den Müll und Abfall im nahe gelegenen Aachener Weiher.

Akribie

Es handelte sich bei dem Stadtstreuner, muss man fast schon sagen, um keinen geringeren als Rolf Dieter Brinkmann, den großen Schriftsteller. Den Outsider, der auch mal eine Bierflasche oben vom Balkon auf die Straße werfen konnte. Kein Blatt vor dem Mund nahm, wenn es um seine Vorstellung von Kunst, von Dichtung speziell ging, und auch seine Literatur-Kollegen manchmal rüde anmachte. Aber er war auch einer, der Vorbild sein konnte. Er zeigte, dass man, vor allem als Künstler, nicht zu viele Kompromisse machen sollte. An das glauben soll und verwirklichen, was man für richtig hält. Und seine ganze Energie dafür einsetzt. Was allerdings eben auch dazu führen kann, dass man die Leute, mit denen man es im Alltag zu tun hat, die Freunde, die Kollegen, die eigene Familie vor den Kopf stößt. Aber mit seiner Radikalität begeisterte Brinkmann vor allem die jüngere Generation, Leute, die ebenfalls an die Grenze gehen wollten. Die Sicht nicht durch moralische, künstlerische Vorgaben einengen wollten.

Bezeichnend der Spruch, den wohl einer von diesen Fans in der Engelbertstraße an die Wand neben der Eingangstür mit schwarzen zackigen Buchstaben wie hingemeißelt aufgemalt hatte:

In diesem Haus schrieb, liebte und hasste
Rolf Dieter Brinkmann
aber das Leben erschlaffte.

Was mir an Brinkmann besonders gefiel, war die Akribie, mit der er alles, was ihm auffiel, notierte. In seine Tagebüchern und Collagen, auch in den Gedichten. Man erfährt nicht nur, welche und wie viel Zigaretten Brinkmann geraucht hat, und wie viele Biere er trank, wenn er irgendwo einkehrte, sondern auch die einzelnen Preise. Kommt ja in der Literatur selten vor. Über Geld schreibt der Autor nicht, obwohl die finanzielle Situation ja gerade bei den künstlerisch tätigen Leuten eine wichtige Rolle spielt. Vielleicht habe ich das von Brinkmann übernommen, nämlich auch in Gedichten die Preise zu nennen. Das hat auch den Vorteil: Man kann vergleichen: Wie teuer war es damals, wie ist es heute?

23.5.92

9 Uhr 30 – NULLZWEI – 1 Milchkaffee: 2,70 DM
11 Uhr – SETTE BELLO – 1 Cappuccino: 2,80 DM
14 Uhr – SPITZ – 1 Wasser: 2,00 DM
Phillip Morris: 4,00 DM

15 Uhr 30 – CORTINA – 1 Cappuccino: 2,50 DM

sind 14 DM Tages-Ausgaben
für Arbeitsmaterial des Dichters.

Lindenstraße

Ich lasse die Engelbertstraße hinter mir und biege in die Lindenstraße ein. Und gleich rechts stoße ich auf ein denkwürdiges Lokal, nämlich das Café Fleur. Denkwürdig, weil es eins der ersten sogenannten alternativen Cafés in Köln war. Was heißt: keine Tische mit weißen Decken, keine Silberkännchen, und keine dicken Tortenstücke, sondern einfaches Mobiliar, die Gäste jung und in Jeans oder noch im bunten hippiemäßigem Outfit. Sie hockten zusammen, lasen die angesagten, eher linksgerichteten Zeitungen und Zeitschriften, drehten ihre Zigaretten und diskutierten. Das war anziehend, und auch ich habe da, kurz nach der Eröffnung Ende der siebziger Jahre, öfters meinen Kaffee getrunken.

Immer im Dienst

Ein Dichter ist immer im Dienst.
Grad im Café Fleur hatte ich wieder 'ne Vision
und den Kugelschreiber raus und Papier gesucht
'ne Zeitung irgendwo
und dann 'nen freien Rand
und los.
Nur
die Zeitung gehört dem Laden hier
– wie krieg' ich das Gedicht, das kostbare, nach Hause?
Rumgeäugt
(die Bedienung die kesse, schöne
aber auch aufmerksame
ist gerade hinterm Tresen verschwunden)
Ritsch Ratsch die Seite raus
und ein unschuldiges harmloses Gesicht aufgesetzt
– alles bestens
alles im Kasten. (1978)

Das Café hat sich in all den Jahren kaum verändert. Immer noch die bunten Wände, leicht angehaucht vom Jugendstil, und immer noch die vielen jungen Gäste. Das etwas ältere Publikum nimmt gewöhnlich ein paar Meter weiter im Café Central Platz. Existiert auch schon seit Jahren. Deshalb hat Werner Peters, der Besitzer des Lokals und auch des Hotels daneben, sich für eine Renovierung entschlossen.

Café-Gäste

Ein freundliches Lächeln im asiatischen Gesicht
die Bedienung also okay.
Das Outfit hier anders als letztens:
die alten, anheimelnd alten Bilder weg
neue nackte Wände
auf denen allerdings doch schon wieder zwei,
drei Bilder hängen in der Ecke.
Früher alles voll
– kein Wunder
mit einem Bild konnte man die Übernachtung
bezahlen
im Chelsea-Hotel nebenan.
Drüben an der Tür sieht man Gäste
wohl weniger Künstler
eher Geschäftsleute
aber damals waren eine Menge Kreative unterwegs
hier in der Gegend Lindenstraße/Rudolfplatz.

Hatte vielleicht am Ausdruck „Chelsea" gelegen
man dachte an Burroughs und Kerouac
und Ginsberg
deren Kumpels ein gleichnamiges Beat-Hotel in New
York bewohnten.
Der Klang der Begriffe
Bilder tauchen auf
Bilder von Freiheit, Ungebundenheit
wohl auch von Drogen
seinerzeit eher ein Experimentierfeld
um an die Grenze der Fantasie, der
Vorstellungskraft zu kommen
heute eher Suchtmittel für Gescheiterte.
Hoffen wir, dass die Chelsea-Gäste nicht
zu diesen gehören
ein ruhiges, aber intensives Leben führen
nicht alle müssen in die Hitliste der Verkaufs-
und Umsatztabellen gelangen
es reicht, dass sie ihren Weg gefunden haben
und durchhalten.
Wie auch ich, wenn ich mir's überlege,
durchgehalten habe
weniger Maler, eher Literat
und immer wieder Kraft holte im Café Central
unter dem Chelsea-Schild an der Hauswand
Kraft holte, weil die Bilder an der Wand waren
weil da Gäste saßen, die die Bilder vielleicht
am Tresen abgegeben haben
als Bezahlung für die Nacht
ein schöner Gedanke
eine schöne Idee
– abgeschlossen, abgehakt in der Vergangenheit
oder ein Projekt auch für die Zukunft
zumindest
um die nackten Wände dieses Cafés
mit Leben zu füllen. (2011)

Zülpicher Wall

Am Ende der Lindenstraße kommt man zu einer Unterführung, und ich biege links ab, wandere den Zülpicher Wall entlang. Denn dort befindet sich das originellste Lokal der Gegend, das Café Duddel.

Von außen bereits ein Blickfang: eine bunte, in warmen Farben gehaltene Fassade. Drinnen kleine Räume, gemütlich. Sicher, hier wäre wohl tatsächlich eine Renovierung angebracht, zumindest was die Toiletten betrifft. Aber damit hätte man wohl auch den Charme des Ladens verloren.

Es gibt im Duddel auch kulturelle Veranstaltungen, Lesungen zum Beispiel. Ich selbst war, als Akteur, mal dabei. Und lernte so den jungen Verleger Roland Reischl kennen, an jenem Abend, als ich meine Gitarre rausnahm und eins meiner Café-Gedichte als Lied vortrug.

Mittags im Duddel

Wenn man im Café Duddel sitzt
sagen wir gegen Mittag
und die Sonne kommt gut rein
dann kann man durchs Fenster auf die nackten Schultern eines Mädchens sehen
nackte Schultern mit dünnem schwarzem Träger
nackte braune Haut strahlt durchs Glas in die Pupille.
Und man nimmt einen Schluck von dem Milchkaffee
und guckt rüber in die Ecke
wo Schatten ist
und eine Kerze auf dem Tisch steht.
Und hinter der Kerze sitzt ein rauchendes Mädchen
es sitzt allein am Tisch und blickt traumverloren vor sich hin.
Und es gibt noch die abblätternden Farben an der Tür
die leicht offen steht
und die Musik von einer sanften Gitarre kommt aus den Boxen.

Es ist Mittag im Duddel
und die Sonne kommt gut rein
und du sitzt am Tisch am Fenster
und spürst ein angenehmes Gefühl in dir hochsteigen.
Die Kellnerin hat sehr lange und sehr blonde Haare
sie sitzt neben ihrem Freund auf dem Kaminsims des russischen Ofens
und der Mann streicht ihr sanft über den Kopf
man traut sich nicht – obwohl jetzt in Eile – „zahlen!“ zu rufen.

Ich lehne mich zurück
auf ein paar Minuten kommt es auch nicht an
nicht im Café Duddel
vor allem nicht gegen Mittag
wenn die Sonne gut reinkommt
und man durchs Fenster auf die nackten Schultern eines Mädchens sehen kann. (2009)

Zülpicher Straße

Gleich hinterm Duddel steht man an der verkehrsreichen Zülpicher Straße. Und ich gehe rechts an der großen Mensa vorbei. Das Gebäude hat es damals nicht gegeben. Die Mensa lag an der Universitätsstraße. Da, wo heute das Studenten-Theater ist. Ein kleiner gemütlicher Saal. Aber bald schon wurde es bunt, nämlich an den Wänden. Eine Protest-Veranstaltung jagte die andere, mit den dazugehörigen Aufrufen. Die große Mensa ist weniger bunt.

An der Mensa

Erinnert mich an damals
eben weil das Café Duddel in der Nähe der Uni ist
und Studenten an den Tischen sitzen.
Seinerzeit hätte ich auch gerne solche Cafés gehabt
als Treffpunkt mit meinen Kommilitonen
gemütlich, romantisch, Wärme ausstrahlend

Damals, vor fast 40 Jahren, hatte Freizeit noch nicht diesen Wert
damals duckten sich die Studenten
wurden von den Bürgerlichen aufgesogen
weil sie selbst noch bürgerlich waren
jedenfalls bis 67/68.
Die Politik dann vertrieb das Bürgerliche
vielleicht aber zu sehr
ein bisschen Geborgenheit, Wärme kann nie schaden.

Obwohl sie's jetzt wieder übertreiben
in der Mensa z.B. wollte ich ein Plakat aufhängen
für einen Auftritt demnächst.
Es gab keine freien Flächen
es hingen wohl Plakate, aber im Rahmen
und wenn ohne, dann sehr ordentlich
Hinweise auf große Konzerte, Theateraufführungen mit Geld dahinter
nirgendwo ein kleiner, flüchtig angeklebter Zettel.
Es juckte mich trotzdem
hatte schon den Tesafilm abgerollt
blickte verstohlen mich um
aber einige der gesittet in einer Reihe vor der Essensausgabe Stehenden guckten zu mir rüber.
Ich ließ es sein
die alte Energie beim früheren „wilden“ Plakatieren war doch nicht mehr ... (2009)

Universität

Ich biege hinter der Mensa, von der Straße kommend rechts ab, bin am Rande der Uni-Wiese. Wo Studenten in ihrer Freizeit Ball spielen, oder, etwas abseits, Liebespaare es sich im Sommer auf dem Gras bequem machen oder auf den Treppenstufen sitzen, so wie ich, als Student, auch mal seinerzeit als Liebender mich hier aufgehalten hatte, und die Welt als Paradies sah, aber dann wieder, beim Liebeskummer, mich wie in einer Hölle fühlte. Es war eben einfach das Leben. Und wenn ich nun die Treppe runtergehe und über die Wiese zum Hintereingang der Uni strebe und durch die Flure schlendere, steigen Erinnerungen hoch. Damals hielt man sich als Student viel in solchen Gebäuden auf. Die eigene Bude war winzig, der Wasserkran, wo man sich waschen konnte, war auf dem Flur, ich zum Beispiel musste ihn mit einer achtzigjährigen Frau teilen, die im Zimmer neben mir wohnte. Aber wenn man jung ist, macht das gar nichts, man war ja zu Hause nur um zu schlafen. Man war immer unterwegs, hielt sich in den Seminarräumen auf, in der Uni-Bibliothek, oder auch in der parterre gelegenen kleinen Mensa.

Uni-Rundgang

Ruhig und angenehm
dieser Rundgang durch die Uni.
Die Studenten zurückhaltend und höflich
und der Lärmpegel hier in der Cafeteria gedämpft.
Was nichts heißen muss:
Wenn man genauer hinsieht
erkennt man vielleicht den einen oder anderen
der in der Ecke mit Gleichgesinnten hockt
und Skat oder Poker spielt
um das Geld für den Kaffee, die belegten Brötchen zu verdienen
vielleicht sogar für die Miete des kleinen Zimmers in der Nähe.
Wie gesagt, wenn man genauer hinsieht.

Ich sehe nun genauer hin und finde sie nicht
die Spieler
die damals weniger Zeit in den Seminarräumen verbrachten als in der Cafeteria
die man dann auch abends in den Kneipen traf
Altsemester, mal viel, mal wenig Geld in den Taschen
eher Geschäftsleute, mit viel Risiko jonglierend
oft auch welche, die die Welt verbessern wollten.
Und der Lärmpegel war damals hoch
bei den Diskussionen zwischen den verschiedenen Gruppen
den politischen, religiösen, den in Burschenschaften verbundenen
viel Lärm, viel Gerede, viele Hitzköpfe aktiv.
Was dabei rumkam damals, ist 'ne andere Sache
(viel kam allerdings, wenn du mich fragst, letztlich rum). ➛

➛ Egal
Zeiten ändern sich.
Die politischen, gesellschaftlichen Ziele sind
so hat man den Eindruck
zum großen Teil erreicht
(im Vergleich zur Vorzeit).
Jetzt geht es hauptsächlich darum
schnell das Studium zu beenden
gute Noten zu haben
und einen gutbezahlten Job.

Tatsache jedenfalls:
heute ist hier in der Cafeteria
und in den Fluren vor den Seminar-
und Vorlesungsräumen
einfach weniger los. (2010)

Ernsthaft gearbeitet, also meine Seminar- und Prüfungstexte geschrieben, habe ich in der Uni-Bibliothek. Saß jeden Tag oben im Lesesaal im ersten Stock und hatte eine Menge Bücher neben mir auf dem Tisch und notierte. Dass eine Renovierung anstand, und sie ist momentan immer noch im Gange, wird in meinem vor längerer Zeit entstanden Gedicht deutlich.

In der Uni-Bibliothek

Nach langer Zeit wieder in der Universitäts-Bibliothek.
Die ehemals sauberen Türen abgestoßen, angekratzt
der Fußboden grau
aber die Gesichter der Studenten frisch
jedenfalls frisch und weiß-leuchtend, wenn sie vor dem Computer hocken
die stehen hier überall rum.
Früher hatten wir nur die Bücher
nun eben Internet, E-Mail, Faxe.

Es gibt auch noch eine Ausleihe.
Der Typ, der damals gerade da angefangen hatte
ist immer noch da
nun mit Falten im Gesicht und grauem Bart.
Seinen früheren Chef hatte ich letztens auch mal getroffen
der schlurfte rentnermäßig gebeugt mit abwesendem Blick um den Block.
Auch ich sehe natürlich älter aus
fühle mich aber an dieser Stätte wieder jung
habe den gleichen dynamischen Schritt drauf wie damals
(wenn man nicht so genau hinsieht ...).

Als Student bin ich auch immer gern spazieren gegangen
habe mir die Leute angesehen.
Heute, dreißig Jahre später, tue ich nichts anderes.
Bin mir in diesem Punkt, wie man so schön sagt, treu geblieben
Es gab Anfechtungen, was hieß, Angebote eines Acht-Stunden-Jobs
habe mich aber aus solchen Umklammerungen immer wieder befreien können.

Denn Freiheit ist wichtig.
Als Student hat man eine Menge davon
später muss man sie sich leider erarbeiten.

(2005)

Zülpicher / Weyertal

Über die Kerpener komme ich zur Zülpicher Straße. Und hier ist unbedingt eine Pause angebracht. Denn es gibt Ecke Weyertal das Café Krümel. Wie oft habe ich seinerzeit mit Werner, meinem alten treuen Kumpel, da am Fenster gesessen, später auch mit Roland, dem Verleger, und es ging immer um Literatur, um Bücher, die herzustellen waren, auf den Markt gebracht werden mussten. Auch wenn ich von der Volkshochschule komme, von meinem Job als Deutschlehrer, setze ich mich nicht selten ins Krümel. Auch dann, wenn Kurse ausfallen, was hin und wieder passiert.

Im Krümel

Der Kurs an der Volkshochschule fällt aus.
Gut oder nicht?
Immerhin kann ich mir in der Gegend die Füße vertreten und das Leben betrachten.
Schlendere an den Häusern vorbei und sehe hinter den Scheiben die Leute malochen.
Bleibt mir erst mal erspart
allerdings
den Kaffee, den ich trinke, muss ich ja schließlich bezahlen
ohne Arbeit kein Geld.

Nun, sagen wir, heute muss es eben nicht sein.
Über den Schaum von einem Cappuccino hinweggguckend
durch das Fenster auf die Straße
ist auch nicht so übel
und die Bedienung anlächeln und den Gästen beim Tratschen zuhören
vielleicht auch Erinnerungen nachhängen.

Das soll ja gesund sein, solches Zurückblicken, in der Vergangenheit verweilen
nichts verdrängen, alles hochkommen lassen
Gutes und Schlechtes.
Wobei Schlechtes in meinem Fall weniger
jedenfalls nicht hier im „Krümel“
wo ich letztens mit Werner saß und mein neues Buch bearbeitete
schließlich beim „Hundt“ drüben die Auflage abholen konnte
und dann wieder im „Krümel“ die ersten Exemplare durchblätterte.
Ein Hochgefühl
wie nach der Geburt, wenn das Baby da ist
nun ja – nicht ganz
Papier bleibt Papier, wenn auch bedrucktes
Mensch bleibt Mensch – nichts geht drüber.
Und nichts über das besinnliche Ausspannen im „Krümel“
etwa, als ich mitten in den Sommerferien hier saß ➛

➛ die Straßen leer, wenig Verkehrslärm
und die Sonnenkringel draußen auf dem Asphalt bewunderte.

Das ist Sülz, das angenehme Studenten-, Wohlfühl-Viertel
in dem auch die permanenten Bierschlucker, auch die älteren Semester, ihren Platz haben
wobei mein Blick auf den „Keldenich“ fällt
die Uralt-Kneipe
und immer noch die hartnäckigen Trinker am Tresen
wenn auch zwischen anderen, normalen.
Aber einmal im Jahr sieht's wie immer aus
Karneval
jung und alt springen über Tische und Bänke
ich jetzt weniger
aber vor dreißig Jahren
ich und meinesgleichen nun nicht mehr gleich auf die Möbel und jubeln
die Knochen ...

Aber die Erinnerung bleibt
im „Krümel“
und geht rüber zum „Keldenich“
und zu all den andern Plätzen, Kneipen, Lokalen, sogar Kirchen
wo Leben war und – hoffentlich – anhält. (2008)

Der „Keldenich“ wurde inzwischen umgestaltet und unbenannt in „Waschsalon“. Überhaupt sind in dieser Gegend neue Lokale entstanden. Offenbar haben die Studenten immer mehr Geld für ihr Freizeitvergnügen zur Verfügung. Schöne Straßen in Sülz, zum Beispiel die Palanter, die ich hochgehe. Biege nach links in eine Seitenstraße. Auch hier nette gemütliche Häuser mit schmucken, oft begrünten Fassaden. Sehe von weitem schon die große Sülzer Pfarrkirche.

Berrenrather

Nicht selten bleibe ich, fast schon vorbei, stehen, gehe zurück und stoße die Tür auf. Irgendwie lockt es einen. Immer Café-Leben um einen kann auch langweilig werden.

Hier der Kontrast. Vielleicht eine Kirche auch deshalb anziehend, weil ich als ehemaliger Messdiener einen besonderen Bezug zu solchen Gebäuden habe. Oder einfach, weil die vertraute Kindheit mir wieder gegenwärtig ist. Die alten Riten und Gesten, mit denen man es zu tun hatte.

In St. Nikolaus

Der Mann betet kräftig das „Gegrüßet seiest du, Maria"
die Frauen erflehen im Refrain Gnade für ihre Sünden
ununterbrochen
ununterbrochen das Stoßgebet.
Den Mann kann man deutlich hören
bei den Frauen ist es nur ein Singsang.
Egal
die Gottesmutter am Altar wird das schon verstehen
noch besser die große Gestalt, die hoch oben fast das ganze
Gewölbe einnimmt
ein ruhig dasitzender Mann, die Hände segnen.
Und wir Gläubigen beugen unser Haupt
und nehmen betend, singend, murmelnd,
seufzend Kontakt auf. (2012)

Die Berrenrather Straße kreuzt die noch lebendigere bunte Sülzburgstraße. Allerdings keine Studentenlokale mehr, sondern solche mit bürgerlichen, eher älteren Gästen.

Ich bin morgens oder am Vormittag regelmäßig da anzutreffen, weil in der Nähe mein Arbeitgeber, nämlich die Volkshochschule, zu finden ist und ich in der Pause mich frisch mache.

Südliches Sülz

In der Pause gehe ich rüber zum Merzenich
muss mich bewegen
also an der Kirche vorbei
über die Berrenrather Straße
und dann in die Filiale neben der ehemaligen Post

Immer andere Mädchen hinterm Tresen
eine starke Fluktuation beim Merzenich
– die Bezahlung zu gering
oder die Arbeit zu viel?
Nun, sie sind jung
meistens gut gelaunt
obwohl manchmal 'ne richtige Schlange ansteht
und keine Zeit zum Durchatmen bleibt.
Ich nehme den kleinen Kaffee
bloß 1 Euro – Rekord in Köln
und später raus, an der Straße nach rechts und links geguckt
und vorsichtig rüber
kein Zebrastreifen, keine Ampel
man muss schon selbst die Lücke im Autoverkehr finden
irgendwie die südländische Art zu leben in Sülz. (2012)

Überhaupt sollte man, wenn man das Gespräch sucht, in ein Steh-Café gehen. Im Stehen redet es sich besser, man hat gewöhnlich fast Hautkontakt zum Nachbarn. Da ist es leichter, sich auch verbal dem andern zu nähern.

Kommunikation

Traf am Montagmorgen einen Rentner im Merzenich.
Ich musste zur Arbeit
überlegte, was alles zu erledigen war.
Aber kam dann mit diesem Mann ins Gespräch.
Er wollte zum Tennis
danach Kaffee trinken mit seinen drei Partnern.
Manchmal spielte er, wie auch ich, Boule.

Und als wir uns verabschiedeten
lächelte er
lächelte ich.
Wenn ich mit der Unterhaltung nicht angefangen hätte
wären wir mit ernsten Gesichtern weitergeschritten
er zum Tennis
ich zur Arbeit.
So aber begann die Woche ganz angenehm.
Kommunikation ist alles. (2012)

Ich trinke ja nicht nur Kaffee, sondern auch mal den guten alten Pfefferminztee. Kaffee sollte man nicht zu viel zu sich nehmen, vielleicht drei, höchstens vier Tassen pro Tag. Bei fünfen kann man vielleicht flotter gehen, die Kreuzungen flotter überqueren, aber wenn ich mich dann niedersetze und schreibe, kann es passieren, dass der Stift zu schnell über das Papier fliegt, ja dass die Hand zu zittern beginnt, das Herz einen Ticken zu schnell schlägt – ungesund. Und möglicherweise hält das an. Die Folge: schlaflose Nächte. Also, auch ein Stadtwanderer, der viel in Cafés sich aufhält, sollte Disziplin üben. Und auch mal einen Kräutertee zu sich nehmen. Zur Not darf es auch mal Kamille sein.

Minze

War ihr unangenehm, dass der Chef in der Nähe war
hatte keinen Pfefferminztee mehr
vergessen, die Beutel nachzubestellen
und der Chef, der am Nebentisch saß und das mitbekam
meckerte
meckerte sie aus.
Sollte man nicht vor Kunden tun
das eigene Personal runtermachen.
Der Mann hatte den falschen Job
oder – ist das cheftypisch?
Jedenfalls
ich bekam statt Minze Kamille
kein Problem für mich.
Und dafür lächelte die Bedienung mich heute an
ein paar Tage später
„Ich erinnere mich an Sie."
Ich hatte natürlich auch wieder nach Minze gefragt
und heute alles paletti.
Auch deshalb, weil er Chef nicht vor Ort war
in so einem Fall strahlt das Personal umso heiterer ...

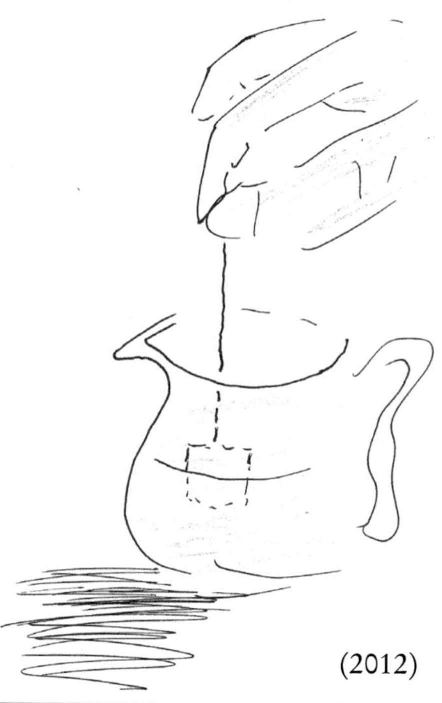

(2012)

Originelle Cafés gibt es kaum noch in dieser Gegend. Eher die üblichen Filialen wie eben Merzenich oder Klein's Backstube oder Kamps. Eine Ausnahme ist das „Melange Orange" mitten auf der Sülzburgstraße, gegenüber der Sparkasse. Entsprechend die Ausstattung des Raumes in warmem Rot, Orange gehalten. Man geht zum Tresen, bestellt, setzt sich dann an einen der wenigen Tische und bekommt bald von dem Kellner seinen Kaffee nebst Milchkännchen und einem Glas Wasser gebracht. Sehr angenehm. Und das alles für einen Euro neunzig. Kann man nichts sagen. Und es gibt ein paar Zeitungen, was die Filialen nicht zu bieten haben.

Und wenn man will, kommt man auch schnell ins Gespräch. Es sind meistens Stammkunden, Leute aus den umliegenden Bürogebäuden oder Geschäften, die vor der Arbeit noch hier einkehren und sich fit machen. Essen kann man allerdings nicht bekommen, und auch in den Filialen gibt es ja nur Kuchen und Gebäck. Dafür muss man dann über die Luxemburger Straße gehen, womit man bereits die Grenze zum nächsten Stadtviertel, nach Klettenberg, überschritten hat.

Imbiss

Wollte jetzt mal in dem „Klettenberger Hof“ mich umsehen
die Sonne schien, draußen saßen Leute
und ich hatte Durst
auch Hunger.

Hatte letztens im „Kleinen Kurfürst“ an der Luxemburger Straße ein Kölsch bestellt
dazu 'ne heiße Wurst
na ja, die Wurst dauerte fast eine halbe Stunde
war innen immer noch kalt
aber die Gäste, die auch auf Wurst warteten, meckerten nicht
hatten Zeit
und auch die Dart-Leute an der Scheibe.
Sie hatten heute Training
denn es gab einen richtigen Dart-Verein
stand groß auf den T-Shirts der Mitglieder
sie aßen noch was vorm Training
Wurst
dazu Kölsch
waren zufrieden
wohl wegen der Kölsch dann nicht ganz zielsicher
standen in der Dart-Liga auf vorletztem Platz
aber hatten Spaß.

➛

Imbiss

➛ Den hatten die vom „Klettenberger Hof" auch.
Ich ging da rein, aber kaum Platz am Tresen
fast fünfzig Leute um halb sechs am frühen Abend.
Hier dunkel, hier rotten sich die Klettenberger zusammen
draußen Sonnenschein
hier Kölsch und Frikadellen.
Ein paar Meter weiter die Straße hoch gesundes Essen in der Salatbar
da Studenten und zugezogenes Volk
hier echte Klettenberger Kerle
und gestandene Klettenberger Mädchen.
Fühlte mich deshalb ein wenig fremd
bin ja ein Immi
wenn auch schon vierzig Jahre am Ort
außerdem kein Platz am Tresen.

Ich also wieder zurück über die Luxemburger
beim Metzger rein
in den Imbiss am Laden.
Hier reichlich Auswahl
von Zigeunerschnitzel über Nudelauflauf bis Eintopf
preiswert.
Nur kam manchmal auch der Metzger rein
von seinem Arbeitsplatz ans Licht zu den Kunden
stand da in seinem Berufsdress und unterhielt sich mit dem Verkäufer an der Theke
einem dunkelhäutigen, schwarzhaarigen Mann
ich tippte auf Iraner.
Der Metzger suchte offensichtlich Kontakt
er brummte, sprach schnell Abgehacktes
aber der Iraner war höflich
verstand ihn
schien jedenfalls so

er antwortete im flotten klaren eleganten Deutsch
während er die Kunden bediente.
Der Metzger, merkte ich, versuchte Anweisungen zu geben
dies und das müsste noch aufgeräumt, ergänzt werden
der Iraner nickte bereitwillig und lächelte mild
Der Metzger hatte sich ausgelassen
hatte seine Stellung – vielleicht die eines Chefs – gezeigt
er war zufrieden und ging
– zur Freude der Kunden
denn einen Mann in weißem Gummi-Kittel mit Blutflecken dran beim Essen betrachten zu müssen
ist nicht gerade appetitanregend. (2012)

Und nun nähern wir uns wieder der Innenstadt. Zumindest geht es erst mal bis zum Eifelwall. Den kann man von der Sülzburgstraße aus schnell mit der 18 erreichen, laut Plan fährt die Bahn alle fünf Minuten. Vorbildlich. Und ich marschiere über den Eifelwall zur Eisenbahnunterführung und betrete den Volksgarten. Quasi die grüne Lunge der Südstadt, an deren Rand wir uns befinden. Und weiter geht's durch den Park und die Volksgartenstraße entlang zur Martin-Luther-Kirche. Am Aushang kann man sich informieren, was Hans Mörtter, der umtriebige Pfarrer, sich wieder ausgedacht hat. Hat keine Scheu, sich dem Volk zu nähern, auf die Leute zuzugehen. Wartet nicht in seiner Kirche, bis die Gläubigen eintreten, sondern lockt sie. Indem er das anbietet, was ihnen Freude macht. Lockert die Messen, Andachten mit Show-Elementen auf. Veranstaltet für die jüngeren Leute zum Beispiel regelmäßig den „Tanz unter Glocken". Man sieht Mörtter, ganz modern gekleidet, auf seinem eleganten Fahrrad häufig durch sein Viertel fahren und den Leuten zuwinkend. Oder er sitzt draußen vor dem Café Sur, gleich neben der Kirche, und unterhält sich mit seinen Nachbarn, Freunden, Mitarbeitern. Obwohl es drinnen eng ist, bin ich gern da und lese in einer der vielen Zeitungen. Oder unterhalte mich kurz mit Gerardo, dem Besitzer des Café Sur, der die Kunden, die er näher kennt, mit einem herzlichen Handschlag begrüßt. Oder hole Papier raus und notiere die Eindrücke.

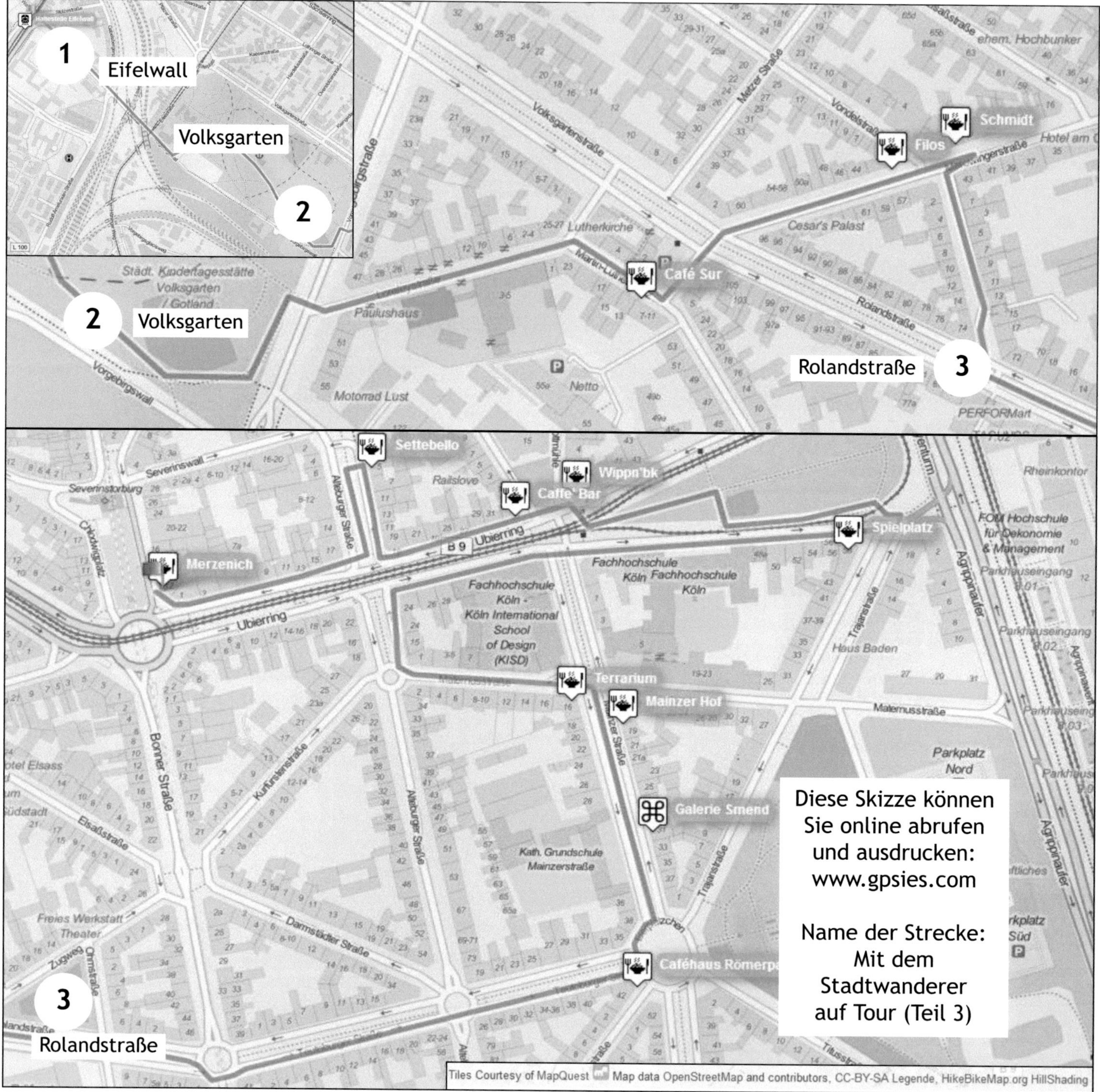
1
Eifelwall
Volksgarten
2
2
Volksgarten
Rolandstraße
3
Schmidt
Filos
Café Sur
Settebello
Wippn'bk
Caffe' Bar
Merzenich
Spielplatz
Terrarium
Mainzer Hof
Galerie Smend
Caféhaus Römerpa
3
Rolandstraße
Diese Skizze können Sie online abrufen und ausdrucken: www.gpsies.com
Name der Strecke: Mit dem Stadtwanderer auf Tour (Teil 3)
Tiles Courtesy of MapQuest Map data OpenStreetMap and contributors, CC-BY-SA Legende, HikeBikeMap.org HillShading

Teil 3

Vom Martin-Luther-Platz zurück zum Chlodwigplatz

Intelligente Leute

Hier sitzen nur intelligente Leute
scheint es
vielleicht sogar weise
zumindest sind sie informiert
die Köpfe sind ununterbrochen
über Papier gebeugt

Zeitungspapier aus Hamburg, Frankfurt, München, Köln.
Aber dann heben sie auch mal das Gesicht
wenden sich zum Gegenüber, dem Tischnachbarn
besprechen die aktuellen Probleme.
Das sind viele, und immer diskussionswürdig
wären sie selbst an den Schaltstellen der Macht
so hat man den Eindruck
wären alle glücklich.
Die hier jedenfalls sind es schon
zumindest, solange sie im Café Sur im Austausch mit Gleichgesinnten
ihren Cappuccino zu sich nehmen. (2014)

Martin-Luther-Platz

Man sollte meinen, ich hätte inzwischen genug davon. Genug unterschiedliche Cafés gesehen, genug Smalltalks geführt, diskutiert, genug rumgehangen. Aber nein – immer wieder stoße ich die Tür auf und trete ein.

Café-Energien

Es hört einfach nicht auf
mich zieht's immer noch ins Café
da sind immer noch die Geschichten
und die dazugehörigen Gesichter
mit den entsprechenden Gesten
da sitzen Jahre gelebte Zeit
Erfahrungen werden weitergegeben
Alltagstipps
und für jedes Problem, so scheint es, gibt es eine Lösung.

Es zieht mich hin
ich bin einer von ihnen
all diese oft genialen Unterhalter ringsum
oder auch (wie ich meist) der geduldigen Zuhörer.

Es zieht mich hin
Energien zuhauf vorhanden
und die wollen erkannt
und abgeschöpft werden.

(2014)

Das „Sur" gehört übrigens zu den Cafés, wo auch Frauen gerne allein hingehen, in Ruhe am Tisch sitzen können oder auch, wenn gewünscht, leicht Kontakt finden.

Die junge Frau

Die junge Frau am Nebentisch sieht nicht gut aus
oder ihr fehlt das Selbstbewusstsein
oder die Lebensfreude
kurze glatte matte Haare
ein etwas ausgeleierter schwarzer Pullover
schlichte schwarze Hose.
Will nicht auffallen
sucht aber Kontakt, nehme ich an
hat allerdings auch Angst davor.
Doch im „Sur"
bei dem milden Licht der Decken- und Wandlampen
inmitten der sich meist lebhaft unterhaltenden Gäste
fühlt sie sich nicht allein
vielleicht sogar geborgen.

(2013)

Hier ist schon wieder Südstadt, mit der breiten, zum Chlodwigplatz führenden Merowinger Straße, in der Mitte der Farben- und Zeichenpapier-Laden für das kreative Volk. Das auch gerne bei Schmidt gegenüber einkehrt, wo auch ich mir gelegentlich den preiswerten, deftig-duften Eintopf genehmige.

Eintopf

„Schmidt“ ist mittags der Treffpunkt.
Der Eintopf kostet nicht mal drei Euro
schmackhaft und viel
möglich, dass sie so die Reste entsorgen
zwischen den Linsen, Erbsen, den Graupen verstecken
macht nichts
schmeckt – und außerdem nahrhaft.
Kein besonderer Komfort
ich meine, man kann sich nicht zurücklehnen, dem Verdauungsprozess geruhsam nachspüren
Stehtische, davor harte Hocker.
Deshalb sieht man hier kaum Frauen
obwohl es auch Salate und Gemüse in allen Variationen gibt
aber doch mehr Fleisch, um Männer sattzukriegen.
Übrigens keine Südstadt-Touristen
nur Einheimische, mehr Arbeiter als Studenten
und Anke, die Seele des Ladens
duzt jeden, spricht jeden an
spricht auch in die leeren Räume hinein
sagt laut zur gekachelten Wand neben der Kasse, das Wechselgeld hervorpulend
„Ja ja, die Welt ist schlecht“
blickt dann noch schnell über die Schulter den Gast an.
Der nickt bereitwillig. (2011)

Und dann ein paar Schritte weiterziehen zum „Filos“. Sich draußen an einen Tisch stellen und noch einen Kaffee genießen. Und sich dem Farbspiel vor dir hingeben.

Am Filos

Die Sonne wirft braune Schatten auf den weißen Tisch
denn auf dem Teeglas liegt der Kandiszucker
die Kristalle reflektieren die Strahlen
gleichmäßig verstreute Tropfen vom letzten Regenschauer sehen aus
wie halbierte Glaskugeln
gedämpfter Straßenlärm in der Merowinger Straße.
nachmittags um drei. (2011)

Weiter geht's durch die Maria-Hilf-Straße. Schöne Fassaden, renovierte Altbauten, ruhig, kaum Autoverkehr. Allerdings keine Natur. Grünes Gras und lauschige Bäume gibt es erst, wenn man über die Roland-, Teutoburger Straße zum Eierplätzchen kommt. Zum Café am Römerpark.

Der schönste Platz

Vielleicht der schönste Platz der Südstadt
das Römer-Café
wenn die Sonne auf die frühlingsfrischen Blätter der Bäume hinter den hohen Scheiben trifft
ein Eichhörnchen grad' über den Platz läuft
vor allem die Südstädter vorbeischlendern
als wäre dort der Paradeplatz der Einheimischen
und man beugt sich zum Tischnachbarn
„Siehst du den Jochen drüben, du weißt doch, der damals ...
ist das etwa seine neue Freundin?"
Sonntagnachmittag im Mai
wo am Nebentisch ein schon angegrautes Pärchen sich mutig trotz Öffentlichkeit
heftig aneinanderreibt. (1997)

Unter den schönen alten Bäumen in der Mainzer Straße mit den von den Anwohnern liebevoll gepflegten Grünflächen gehe ich bis zur Maternusstraße. Meine alte Heimat, denn hier habe ich fünfundzwanzig Jahre gewohnt. Ich sehe, was dem Zahn der Zeit getrotzt hat, wie zum Beispiel der „Mainzer Hof", oder Smends Batik-Galerie mit den immer noch prächtigen Kunstwerken hinter dem Fenster.

Mainzer / Ecke Maternus

Im „Hof" war jahrelang Gerald der Chef. Letztens traf ich ihn im „Terrarium", der Kneipe gegenüber, wo ich vormittags nicht selten meine Briefe schreibe und mich mit Michael, dem Wirt, der zu allen Fragen des Lebens etwas zu sagen hat, unterhalte.

Traf Gerald

Traf Gerald im Terrarium.
Im Terrarium treffen sich immer noch die alten Südstadt-Barden
weil das Bier nicht so teuer ist
vor allem, weil die Atmosphäre stimmt
und die wird durch das abgegriffene, Wärme ausstrahlende Mobiliar bestimmt
und natürlich durch den Wirt
der Vater, Freund, Kumpel in einem ist
eben wie die Wirte in der guten alten Zeit waren.

Über die redeten wir
Gerald und ich
über die gute alte Zeit
Gerald, der immer noch Wirt ist
nicht im Terrarium, sondern in einer Kneipe in Ehrenfeld
seine erste aber in der Südstadt hatte
eine gut frequentierte
durch die jeden Abend eine Menge Südstädter liefen
beziehungsweise sich durchtranken.
Klauke und Spoerri und Rückriem
– weil die bekannt sind –
werden natürlich schnell genannt
und wie viel Bier sie trinken konnten
und „Wolfgang ist jetzt Professor in Münster
und der Heinz in Hamburg"

Die Südstadt, das kreative Viertel
damals
als jeder Wirt noch Vater, Freund und Kumpel war. (2005)

Maternus / Ecke Alteburger

Wenn ich nach links die Maternusstraße hochgehe, sehe ich die Veränderungen.

So gibt es Ecke Alteburger Straße nicht mehr das „Café des Südens", das erste alternative Café in der Südstadt, mit dem der unternehmungsfreudige Christoph, ehemaliger Mathelehrer, ein neues Leben beginnen wollte und zunächst viel Umsatz machte.

Und es gibt nicht mehr das „Out" gegenüber, auch nicht daneben das „Kaffeeböhnchen" in der Kurfürstenstraße.

Aber wenn ich mir meine Notizen von damals ansehe, tritt diese ganze Szene mir wieder lebhaft vor Augen.

Südstadt-Idylle

Eine richtige Idylle vorm „Out“
in der Mittagssonne sitzt einer mit Strohhut aufm Hocker
vor sich ’nen Zeichenblock
und zeichnet
und hinten in der Kneipe selbst, am Tresen
die kurzhaarige schwarzhaarige Bedienung
hat Papier auf den Knien
sie dichtet, kritzelt Verse
und in diesem Augenblick gehen der BAP-Wolfgang und sein Rocker-Kumpel Schmal vorbei
während Bruno, der Maler, mit seiner Freundin den Kaffee
den sie vorm „Kaffeeböhnchen“(neben „Out“) getrunken haben
zahlen
– und schließlich gibt’s auch noch mich
den Dichter, Vermittler
ich linse aus’m „Café des Südens“ rüber
habe die ganze Szene
diese Greenwich-Village-Idylle im Blick.

Ach ja, zufrieden sind die Leute
sobald die Sonne auftaucht
die edlen Gefühle kommen hoch
das Herz, der Geist öffnen sich
und sie greifen in die Maler-, Dichter-,
in die Lebenskunst-Kiste
und produzieren, schaffen
– auch wenn es bei dem einen oder anderen nur theoretisch ist
das Kreativsein.
Südstadt-Idylle. Mittwoch, 15.4., 12 Uhr 20 (1980)

Die Kneipe

Das Out war weniger Café, sondern Kneipe. Später als das Chlodwig-Eck eröffnet, war es eine Zeit lang DER Mittelpunkt von Leuten, die sich in der Szene umsehen wollten, Kontakt zu Künstlern suchten oder auch selbst kreativ werden wollten. Man traf Maler wie Cornel Wachter, der mit seinem damalige Kumpel Elmar regelmäßig dort auftauchte, oder die Musiker Gerd Köster und andere Mitglieder der Band „Schroeder Roadshow", oder die spätere Kabarettistin und Schauspielerin Gaby Köster, die hinterm Tresen am Zapfhahn ihr Geld verdiente. Aber im Grunde waren Namen und Berufe und Interessen oder wie man gekleidet war oder wie viel Geld man hatte unwichtig. Der Star des Abends war die Kneipe selbst, und alle Gäste hatten nur den einen Wunsch, die richtige Atmosphäre im Out zu schaffen, den Alltag zu vergessen, um sich mit Hilfe von Alkohol und Musik und Gesprächen oder Befühlen im Irdischen dem Paradies ein wenig zu nähern.

Im Out

Gern lehne ich im „Out“ am hohen Tisch
blicke aus der buntbemalten Scheibe
zum „Café des Südens“ rüber
oder daneben den Gästen vom André auf den Teller
und betrachte das Diesseits und Jenseits
und starre ins Bierglas
oder in das mit Wein
das immer noch zwei Mark bloß kostet
und träume
und nehme einen Schluck nach dem andern
und überlege
warum Frank, der Südstadt-Elektriker
schon seit Jahren allein und einsam am Tresen hockt
und begutachte die schon wieder neue Einrichtung
das Ambiente dieser Kneipe
und warte auf die Stammgäste.

Was heißt auf Elmar, den „Unterbezirksdada“
der sicher nachher von der Plakatiererei seiner überall bestaunten Dada-Fotos
aufn Kölsch reinkommt
zusammen mit dem Künstlerkollegen Cornel
der hauptberuflich nichts Geringeres macht
als die Steinfiguren des Kölner Doms neu zu behauen
neu zu schaffen
und Elmar hat dann die üblichen sarkastischen
deshalb so erfrischenden Sprüche drauf.
„Alles Wichser“
das in etwa die Charakterisierung der Maler-, Fotografen-, Künstlerkollegen
„Abschaum, alles Möchtegern-Stars, Ruhmgeile
kannste in ‘ne Pfeife rauchen.“
Und wenn Elmar mit ruhiger, tiefer
keineswegs gefühlsengagierter Stimme solche Urteile abgibt
merke ich
er ist wieder gut drauf

→

➛ der alte Spaßmacher
ein echter Dadaist eben.

Hinter Elmar kommt neben Cornel, dem Dom-Steinmetz
gewöhnlich die eine oder andere
Renate, Inge, Anita reingestolpert
nicht unansehnliche Geschöpfe meistens.
Eine warf mich letztens fast um
hatte jenes geheimnisvolle Erotische im Gesicht
und im Gang
und in der Bewegung der Hand, die das Weinglas hielt.
Aber Elmar zuckte nur mit den Achseln
als ich ihm schon anerkennend auf die Schultern klopfen wollte
„Mona säuft zu viel“, sagte er
„ist zudem in ’nen andern verliebt
abschleppen ist nicht drin.
So sind die Weiber“, seufzte er ein wenig melancholisch
„du willst sie ficken
sie legens regelrecht drauf an
mimen mit dem Körper rum
aber im Ernstfall
– Sense.“

Doch es reicht auch
meistens so Freitagabend
wenn’s im Out proppenvoll ist
dass man dann solchen erotischen Südstadt-Mädchen
unaufdringlich in der Menge der Kneipenbesucher
sich vorsichtig nähern kann
das Frauen-Parfüm
das natürliche
oder auch das von Estée Lauder
schnuppern darf
und sogar

um Mitternacht rum
einen ihrer heißen Blicke
über die Schulter des vor dir stehenden Säufers hinweg
zugeworfen bekommt.
Das typische Kneipen-Feeling steigt im Out zur Decke
will sagen zwischen den Beinen
an der Hüfte hoch
das alte Großfamilie-Südstadt-Gefühl.

Alles bekannte Gesichter um dich her
die Einsamen sind nicht mehr allein
die seelisch Verkrüppelten fühlen sich nicht mehr ganz so:
Wärme, Freude
(wenn auch stark stimuliert
durch eine Menge Edelzwicker, Peters-Kölsch)
ist spürbar.

Du willst partout vor 1, 2 Uhr nicht raus.
Aber irgendwie kommt der Absturz
das Down
gut ist
die richtige Minute, Sekunde zu erwischen.
Wenn's am schönsten ist
aufhören, heißt es.
Und in diesem Punkt habe ich dann doch
nach all meinen Südstadt-Kneipenjahren
den Bogen raus
sinke benommen
aber selig angetörnt meiner treuen
das Kind behütenden
den Spätfilm noch guckenden Gilla in den Arm
– dann aufs Laken ... (1982)

Ein anderes Lokal aus dieser Zeit war der „Spielplatz." Ich gehe am Ubierring entlang fast bis

zum Rhein. Die Kneipe am Beginn der Trajanstraße war ein Zeit lang geschlossen, hat nun wieder neue Besitzer. Ich gucke rein: erkenne hinten die Bühne, auf der ich übrigens damals meine erste Lesung überhaupt gemacht hatte. Auch am Tresen gleich hinter der Tür kann man noch sein Getränk süppeln. Kostet heute allerdings einiges mehr.

Wir wenden uns nach links, überqueren den kleinen Park am Ubierring. Früher wäre ich gleich rechts abgebogen, zur Bottmühle runter. Da gab es das „Nullzwei", da trafen sich schon zum Frühstück die Südstädter, auch die, die nach der Schließung vom „Out" ein anderes Lokal brauchten.

Und so konnte man mich Samstagabend regelmäßig mit Cornel Wachter und Elmar Schmitt gleich hinterm Eingang am Tisch sehen, und wir umringten „Schorle Peter", der dieses Getränk bevorzugt in sich hineingoss und an der Wand gelehnt über uns thronte, der Buddha, der hin und wieder weise Sprüche formulierte, nicht einfach nachgeplapperte, sondern die er durch seinen unsteten Lebenswandel, privat und beruflich, selbst getestet hatte.
Diese Szene ist schon lange nicht mehr. Und das Lokal wechselte ständig den Namen und den Besitzer, bis heute.

Aber ganz aktuell und lebendig und greifbare Wirklichkeit ist die „Caffe' Bar" am Ubierring, fast noch im Schatten der Bottmühle.

Nun unser täglicher Treff bei Susi.
Sie kennt offenbar alle Kunden
begrüßt jeden mit einer persönlichen Bemer-

kung
nennt viele beim Vornamen
unterhält sich lächelnd, während sie an der Kaffeemaschine hantiert
schimpft aber auch, wenn die Gäste die Tassen von draußen nicht wieder reinbringen.
Ich lehne bei den Illustrierten am Wandbrett und schlürfe mein Getränk
ein Kaffee einssechzig
also okay
also der richtige Laden für Sparsame
oder die, wie ich, eben mehr auf das Budget gucken müssen.
Manchmal wird es eng
manchmal stehen die Leute Schlange und treten mir fast auf die Füße.
Doch es ist gemütlich
es gibt die wichtigsten Tageszeitungen
und es gibt Susi
die sagt: „Bert, wie sieht's heute aus?"
Was will man mehr. (2012)

Hier erlebe ich sehr deutlich die Anziehungskraft, die die Cafés auf Menschen ausüben können, zumindest auf solche, die die entsprechenden Gene dafür in sich tragen. Man will ja manchmal gar nicht mit Leuten reden. Keine Power an diesem Tag, mit dem falschen Fuß aufgestanden. Man will einfach seine Ruhe haben. Aber trotzdem, wenn man an einem Café vorbeikommt, zumal einem sehr vertrauten, zieht es einen einfach rein. Oder man will höchstens nur mal einen Blick in die Zeitung werfen. Aber bleibt dann doch.

Bei Susi liegen, wie auch in anderen Cafés, die regionalen Blätter aus, aber auch die FAZ oder die Süddeutsche. Aber in der „Caffe' Bar" kommt man letztlich doch nicht zum Lesen. Wird unversehens in ein Gespräch verwickelt. Und erfährt: eigentlich ist so ein Café doch zur Unterhaltung da.

Wollte einfach bloß die Zeitung lesen

Aus erster Hand

ging die Stufen runter
da saßen Heike und Peter und Marc und Josef
und Rudi und Abdou und Elisabeth
mussten schon seit Stunden hier sitzen
kriegten kein Ende
mit'm Diskutieren, Klönen, Tratschen.

Ich nahm die Zeitung aus dem Fächer
aber sie riefen „Hallo"
und ich setzte mich zu ihnen
kam ebenfalls ins Diskutieren, Klönen, Tratschen.

Hatte die Zeitung in der Hand
schlug sie aber nicht auf
kein Wissen an diesem Morgen aus zweiter (Journalisten-)Hand
vielmehr Wissenszuwachs, Informationsgewinn aus erster Hand
bei meinen Kumpels in der Caffe'-Bar am Ubierring.

(2014)

Ich gehe nun über den Ubierring Richtung Chlodwigplatz, biege aber vorher noch rechts ab in die Alteburger Straße. Ein alter Reflex, eine alte Gewohnheit, dieser Schlenker, denn da liegt

---

Ich zücke gelegentlich im Café mein Papier und notiere, aber nur, wenn ich alleine bin. Lebendiges Gespräch ist besser als distanziertes Festhalten der Szene. Aber manchmal ziehe ich mich zurück und halte die Eindrücke fest. Auf Zetteln. Aber wenn ich intensiver arbeiten, einen Brief schreiben oder mich mal ungestörter unterhalten möchte, wird es bei Susi schwierig. Deshalb gehe ich auch mal rüber zur Konkurrenz.

Café-Leben

Ging auch mal ins „Wippn'bk“ rein.
Erst der lange Tisch kaum besetzt
dann immer mehr Gäste.
Ich schrieb trotzdem weiter am Brief
aber blickte dann doch hoch
und schon war ich im Gespräch
mit der Blonden neben mir
um die 60, Mann gestorben, nun frei
frei, z.B. in solchen Lokalen herumzusitzen
sich mit einem Unbekannten zu unterhalten
und ihm im Nu von ihren Freuden und Leiden zu erzählen.
Das ist Café-Leben
gut für sie
für mich.

(2014)

Man kann im „Wippn'bk“ gut essen. Man kann hier auch mal, was in der „Caffe' Bar“ weniger üblich ist, sich in eleganter Kleidung zeigen und spezielle Weine oder Cocktails bestellen. Kostet allerdings einiges. Doch man sollte sich auch was gönnen können. Genießen. Sich wie im Urlaub fühlen. Freiheit spüren.

Die Welt angucken

„Ich habe jetzt ein paar Tage frei“
sagte die Frau am Nebentisch zu ihrer Freundin
„ich will mir die Welt angucken.“
Sie meinte nicht Italien, Spanien, die Nordseeküste
sondern das Café, in dem sie saß
aus dem Fenster blicken und Leute beobachten
sich auch tagsüber mit Freunden treffen
durch ihr Stadtviertel wandern.
Sie will die Welt angucken.
Auch wenn man kleine Kreise zieht
sieht man nicht weniger.

(2014)

Alteburger Straße

Settebello, unser erstes Stamm-Café. Da traf man sich seinerzeit, als die Geschäfte am Samstag noch um 14 Uhr schlossen, mit den Einkaufstüten und -taschen, um das Wochenende einzuläuten. Und es ist dabei geblieben, was die Zeit betrifft, da sitzen wir am Samstag noch immer, mit wechselnder Besetzung. Wenn sich auch das Ambiente neuerdings verändert hat.

Heller Laden
aber ich sitze hinten im Schatten, notiere.

Im Settebello

Bin oft hier
und das seit mehr als 30 Jahren.
Habe aber nie Papier und Stift rausgeholt
tut man nicht, wenn man zusammen mit Bekannten Kaffee trinkt
man will sich unterhalten.

Heller Laden
grad erst umgebaut
geplant vom Wirt, Carmelo
umgesetzt dann von Salvatore, dem Sohn.
Der Vater starb letztens
jetzt nur noch die Mutter und der Sohn
und eine junge neue Bedienung.
Das Leben geht weiter
Miete muss bezahlt werden
Versicherungen, das Auto
Ich war auf der Beerdigung
viele Leute, Café-Besucher meist
Aber das Leben geht weiter.

Heller Laden
die Einrichtung blau, grau und weiß
der Boden elegant braun-glänzend
und Barbara, die Frau
steht wie früher auch mal am Eingang
die Finger auf dem Rücken verschränkt
guckt ins Weite
denkt vielleicht an die Vergangenheit.
Aber nicht lange
jemand hebt die Hand
„Noch einen Cappuccino!"
das bin ich. (2014)

Nun aber direkt zum Chlodwigplatz. Mein Rundgang ist beendet. Im Merzenich strecke ich zwar meine Füße nicht untern Tisch, stehe aber wie so oft vorne am Fenster und überblicke den

Platz.

Aus alter Gewohnheit treffe ich mich hier oft mit meinem Südstadt-Bekannten Markus, mit dem ich über die früheren Zeiten spreche. Markus, auch eine Art Stadtwanderer, der auf seinen täglichen Rundgängen die Leute in tiefsinnige, meist den Kern des menschlichen Zusammenlebens betreffende Erörterungen verwickelt.

Aber es ist schön, auch mal ganz allein mitten in diesem lebendigen Zentrum der Südstadt zu stehen und seinen Gedanken nachzuhängen, an die Menschen zu denken, zu denen man in all den Jahren in Beziehung stand, und die man inzwischen aus den Augen verloren hat. Aber an die man sich trotzdem immer wieder gern erinnert.

Wo sind sie geblieben
die Helden vergangener Südstadt-Zeiten?

Seinerzeit konnte man den gutmütigen Fritz

Helden der Südstadt

im Merzenich antreffen
häufig begleitet von Paul
dem gewesenen Psychologen
auch Werner stand hier
und trank seinen Kaffee
bevor er zum Job fuhr.

Auch Lisa und ihre Freundin Barbara
konnten hier nicht genug
nach interessanten Männern sich umsehend
Stories erzählen
und auch der kleine Marokkaner
mit der blauen Jacke und der Baskenmütze
war täglich hier zu finden
bevor der dann
aus Liebeskummer
dilettantisch ausgeführt natürlich
'ne Bank überfiel
und nun im Knast seinen Tee trinkt.

Nur ich
so scheint es
habe die Stellung gehalten
zwischen fremden Leuten stehend
verwahre ich ihr Andenken.

(2000)

Bert Brune im Roland Reischl Verlag

Bert Brune: ***Glücksmomente***
Alltägliche Betrachtungen und Reflexionen
116 Seiten, zahlr. Farbfotos- und Zeichnungen
ISBN 978-3-943580-51-8

Brune/Döring/Schüssler:
Wir Wolkensteiner
Eine unwahrscheinliche Verlagsgeschichte
252 Seiten, ISBN 978-3-943580-19-8

Bert Brune:
Der lange Weg
Autobiografische Erzählung (bis 1979)
388 Seiten. ISBN 978-3-943580-46-4

Bert Brune:
Der Aufbruch
Autobiografische Erzählung (1979–89)
388 Seiten. ISBN 978-3-943580-45-7

René Klammer:
Sonja war hier
Roman. 288 Seiten
ISBN 978-3-943580-56-3

Karin Büchel:
Lieber Onkel Joe
Ein Briefroman. 120 Seiten
ISBN 978-3-943580-55-6

Eckhard Humbert:
Unterwegs auf Saiten der Freiheit
Musikalischer Road Trip im Sommer 1973
244 Seiten. ISBN 978-3-943580-54-9

Thomas Striebig:
So troll'n wir uns ganz fromm und sacht
Aus dem Leben des Carl Michael Bellman
180 Seiten. ISBN 978-3-943580-38-9

Bildnachweis / Über Autor und Verlag

Bildnachweis

Bert Brune: 1, 5, 6/7, 9, 10, 11 (3), 14, 15, 18, 20, 23, 31, 34, 69, 80, 82 oben, 84, 86, 93, 96, 102, 104, 108, 110, 114, 116, 121
Eva Pohl: 28, 29, 82 unten
Roland Reischl: 12, 22, 25, 27, 30, 38/39, 40, 44, 45, 46, 48, 50, 54, 56, 57, 58, 62, 66, 72, 74, 75, 78, 88, 90, 118, 120
Tanja Richter: 37, 42, 52, 60
Erhard Wesser: 8
Karten: gpsies.com, openstreetmap.org: 16, 64, 100 (dort weitere Copyright-Vermerke)

Autor

Bert Brune, 1943 in Büren bei Paderborn geboren, studierte von 1966 bis 1970 in Köln Germanistik, Geschichte und Theaterwissenschaften. Bis 1979 als Lehrer an einem Gymnasium tätig, widmet er sich seitdem hauptberuflich dem Schreiben. Bis heute (Stand: 2024) wurden rund 30 Bücher von ihm veröffentlicht, vor allem im Kölner Wolkenstein-Verlag und seit 2010 im Roland Reischl Verlag. Außerdem publizierte Bert Brune Lyrik und Prosa in zahlreichen Zeitschriften und Anthologien. *Internet: www.bert-brune.de*

Verlag

Der Roland Reischl Verlag wurde 2008 für das Buch über die Kölner Jazzkneipe *metronom* gegründet. Seitdem rund 50 Titel aus den Sparten Zeitgeschichte, Krimi, Reise und Belletristik; neben Köln und dem Rheinland sind Rheinhessen und Rhein-Main die regionalen Schwerpunkte des in Mainz geborenen Verlegers. Dass sich ein Blick über den Tellerrand lohnt, stellen die weiteren Titel unter Beweis, welche die Leserinnen und die Leser nicht nur ins Siegtal oder den Südschwarzwald, sondern bis nach Frankreich, Schweden oder Chile führen. Meist auf etwas anderen als den gewohnten Wegen.. *Internet: www.rr-verlag.de*